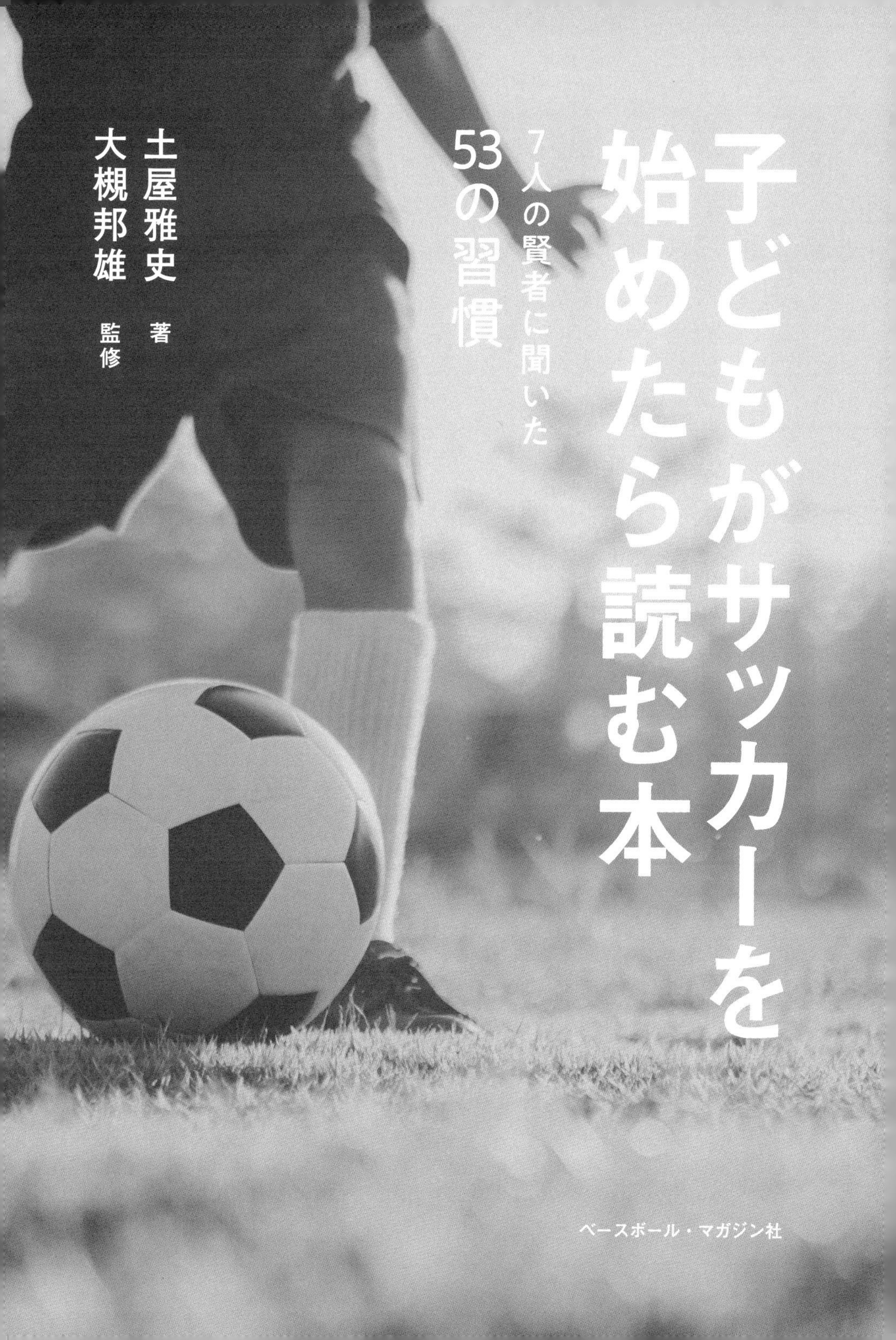

子どもがサッカーを始めたら読む本

7人の賢者に聞いた53の習慣

土屋雅史 著
大槻邦雄 監修

ベースボール・マガジン社

はじめに

賢者巡りの旅に出よう

はじめに　賢者巡りの旅に出よう

サッカーメディアの世界に飛び込んで、20年近い時間が経過した。さまざまな人と知り合う機会に、さまざまな現場に立ち会う機会に恵まれ、時には大変な仕事もあるけれど、とにかく楽しい日々を過ごしてきていると断言できる。

わが家には中学校1年生の息子がいる。サッカーを強制はしなかった。周囲には親に「始めさせられた」ものの、その親の熱量に子どもがついていけなくなり、サッカーそのものを嫌いになったあげく、ボールを蹴ること自体をやめてしまうパターンを何度も見てきたからだ。とはいえ、一応息子がサッカーを始めたいと言い出したときに備えて、推薦できそうなチームぐらいは頭の中で準備もしていた。

私の妻はとにかく子どもの自主性を尊重する人だ。自ら選択するための土壌は万全に整えていくが、最終的な決断はすべて本人に任せている。おかげで息子は家族旅行の行き先からスケジュールまでひとりで決めてくれるようになったし、中学受験の際も自分で志望校を選び出し、自分で学校見学におもむき、見事に合格を勝ちとった。なお、いまだにサッカーを始めそうな気配は微塵もない。

ひとつのきっかけはある書籍の制作に携わったことだ。今からさかのぼること、2年前。『こどもスポーツ練習Q＆A　やってみようサッカー』という本をつくるにあたって、私は構成を担当することになり、その制作チームに加わった。著者は今回の監

修者でもある大槻邦雄さん。取材現場で顔を合わせることはあっても、ゆっくり話したことはなかったが、同い年ということもあってすぐに意気投合。打ち合わせそっちのけでサッカー談議に花が咲いてしまったことも、一度や二度ではない。

それこそ未就学児を筆頭に、小中学生や高校生といった育成年代と呼ばれるカテゴリーの指導にあたってきた大槻さんのお話を伺っているうちに、サッカーをプレーしている子どもたちを取り巻く環境が、自分が経験していた30年近く昔のそれとは大きく変わっていることが少しずつわかってきた。

そもそもボールを蹴ること自体が禁止されている公園だってあるし、いわゆる「ストリートサッカー」ができる場所はなくなりつつある。また、情報が簡単に手に入る時代ゆえに、新たな知識を得た親が子どもよりヒートアップしてしまい、指導者よりもサッカーのことに口を出すこともあれば、必要以上にチームメイトとの競争心をあおるようなケースもあると聞いた。とにかくいろいろなことが窮屈そうだ。

さらに子どもに対して妻のようなスタンスを取ることも、意外と簡単ではないことにも気づいた。もちろん親は誰もが自分の子どもにすくすくと育ってほしいし、幸せになってほしい。でも、それが「過干渉」という形になってしまい、結果的にその子の自主性の芽生えを阻害することもよくあるという。子育てって本当に難しい。

無事に大槻さんの著書は発売され、編集者と3人で打ち上げと称した飲み会が開催された席上で、そのオファーを大槻さんから聞いた。「今度また新しい本をつくることになったのですが、手伝ってもらえませんか?」。内容は、子どもがサッカーを始めた親に参考にしてほしいことを識者に聞き、それをまとめるものだという。

率直に言って、面白そうだと思った。育成年代の指導とまっすぐに向き合ってきた大槻さんが、かねてから昨今のサッカー少年やサッカー少女が抱えている苦悩や、保護者の方々のマインドや立ち振る舞いに対して、考えることが少なくないことはわかっている。それを形にしていく作業は、私にとっても大きな学びになりそうだ。

大枠のテーマを決め、そのジャンルのスペシャリストに話を伺い、我々なりに考察を加えていく。フォーマットは決まった。ただ、大槻さんも私もかなり長い間サッカーを生業にしてきただけに、どうしても視点が専門的になりがちなのではないかという懸念があったため、私のある友人に〝お手伝い〟してもらうべく、声をかけてみることにした。

普段は会社員として働いている彼には、小学校6年生の息子さんと、小学校2年生の娘さんがいるのだが、2人ともサッカーチームに入ってボールを追いかけている。しかも娘さんはまだサッカーを始めたばかり。まさにこの本のターゲットとしても、

ドンピシャと言っていいだろう。きっと普段から抱いている疑問や、その場で出てくる素直な質問も含めて、知りたいことがメチャメチャあるはずだ。かくして「賢者巡り」のパーティーは大槻さん、友人、私の3人に決まった。

制作過程で、大槻さんがたびたび口にしていた言葉が印象深い。「これはサッカーに関わる人にとって、本当に大事なものがいろいろ詰まった一冊になりそうですね」。

私もそう思う。新進気鋭のアスレティックトレーナー。哲学者然とした育成年代指導の達人。指導歴20年を誇るJクラブのユース監督。ワールドカップに臨む日本代表も支えた管理栄養士。元Jリーガーのスポーツメーカー社員。数々のチームを心理面からサポートしているメンタルコーチ。そして、言わずと知れた中村憲剛さん。そろいもそろってスペシャルな7人が、それぞれの経験を惜しげもなく言語化してくれた。

みなさんにも賢者の言葉に耳を傾けてもらい、湧き上がってくる感情や、思わずひざを打つような気づきをぜひ共有したい。この一冊が多くの人にとっての「さとりのしょ」となることを願って。

土屋雅史

CONTENTS

第3章 思春期の子どもへの向き合い方を知りたいです

第4章 よく食べられることって大事ですか？

CONTENTS

★文中の肩書き、所属などの情報は本書発行時のものです

おとうさん、おかあさんの悩みに寄り添う

7人の賢者たち

ケガをしないためにどうしたらいいですか？　第1章

道場悠介《みちばゆうすけ》さん

アスレティックトレーナー

千葉県市川市出身

1995年生まれ。高校卒業後にトレーナーの道を志し、花田学園の専門学校に進学。6年間の在学期間中に柔道整復師、鍼灸師、アスレティックトレーナーの資格を取得した。2017年に整骨院からの派遣でＪＦＬ・ブリオベッカ浦安のチームトレーナーに就任し、6年間にわたり在籍。2023年からは水戸ホーリーホックのアカデミートレーナーとして、主にケガ人のリハビリ、応急処置、障害予防のウォーミングアップ等を担当している。

主体性って育てられますか？　第2章

猪俣孝一郎《いのまたこういちろう》さん

サッカースクール指導者

東京都墨田区出身

1983年生まれ。中高とサッカーを続け、国士舘大学サッカー部で１年間を過ごし、三菱養和サッカークラブでもプレーした。大学２年目からは以前から関心のあった指導者の道に入り、二葉サッカー同好会やすみだサッカークラブを経て、三菱養和サッカースクールへ。2024年でクラブ在籍は18年目を数え、幼稚園児から大人までさまざまなカテゴリーで指導にあたっている。また、家庭とサッカーの両立に挑む日々を送っている３児の父でもある。

思春期の子どもへの向き合い方を知りたいです　第3章

丹野友輔《たんのゆうすけ》さん

Jリーグクラブ
アカデミー指導者

埼玉県鶴ヶ島市出身

1983年生まれ。埼玉県立志木高校を卒業後、2002年に大宮アルディージャへ加入。2004年いっぱいで現役を引退したあとは、21歳の若さで指導者に転身。大宮のアカデミーではスクール、U-12、U-15、U-18とあらゆる年代の指導経験を持つ。定評のある丁寧な指導力で、2023年の「高円宮杯ＪＦＡ第35回全日本U-15サッカー選手権大会」準優勝を筆頭に、各カテゴリーの監督としてチームを全国大会で上位進出へと導きながら、数多くのアカデミー選手をトップチームへと送り込んでいる。

よく食べられることって大事ですか？　第4章

小澤智子《おさわさとこ》さん

管理栄養士

新潟県燕市出身

1983年生まれ。管理栄養士として多くのプロアスリートやジュニア選手の身体組成評価・栄養サポート、スポーツや食品関連企業の研究開発サポート等に従事し、子どもの栄養教育について研究および論文執筆も行っている。2014年にはブラジルワールドカップを戦うサッカー日本代表のコンディショニングサポートを担当。2020年から2023年にはヴィッセル神戸アカデミーにおいて、小学生から高校生選手の保護者も含めた栄養サポートを行った。

スパイク選びのコツが気になります　第5章

鏑木《かぶらぎ》享《とおる》さん

ミズノ株式会社営業開発部
フットボール開発課

茨城県東茨城郡美野里町
(現小美玉市)出身

1976年生まれ。水戸短期大学附属高校（現・水戸啓明高校）時代は全国高校選手権に出場。国士舘大学サッカー部では2度の日本一も経験している。1999年に当時Ｊ２所属のFC東京に加入し、抜群のスピードを誇るプレースタイルで活躍。「スーパーカブ」の愛称でサポーターからも愛された。現役引退後はミズノ株式会社に入社。現在は同社の営業開発部フットボール開発課に所属し、Jリーガーをはじめとする選手たち、高校・大学チームなどのサポート等を行っている。

やる気と自信をつくるものってなんですか？　第6章

西田明《にしたあきら》さん

メンタルコーチ

富山県魚津市出身

1965年生まれ。筑波大学蹴球部では長谷川健太（名古屋グランパス監督)、平岡和徳（熊本県立大津高校テクニカルアドバイザー）と同期。大学卒業後は証券会社勤務、大手小売業者の直輸入コンサル業を経て、家族のアルコール依存症発症をきっかけに心理学に興味を持ち始め、メンタルコーチングを学びながら、トレーニングを受ける。現在は企業やサッカーチームにおいて、自己肯定感を高め、内発的動機づけをベースとする「自律型チームづくり」をメンタル面からサポートしている。

壁にぶつかったら、どうすればいいですか？　第7章

中村憲剛《なかむらけんご》さん

サッカー元日本代表

東京都小平市出身

1980年生まれ。東京都立久留米高校（現・東京都立東久留米総合高校)、中央大学を経て、2003年に川崎フロンターレに加入。プロ２年目にレギュラーをつかみ、チームのＪ１昇格に貢献すると、以降はチームのバンディエラとして３度のＪ１制覇を経験。日本代表としての国際Ａマッチ出場は68試合を数え、2010年には南アフリカワールドカップのピッチにも立っている。Jリーグベストイレブン８回選出。2016年ＪリーグＭＶＰ受賞。2020年に現役を引退し、現在は川崎のクラブＦＲＯ＝Frontale Relations Organizerとしてクラブのアカデミーやスクールでの育成活動を行うなど多方面で活躍中。

デザイン　黄川田洋志
イラスト　山口正児
写真　Adobe Stock
校閲　高塩一樹

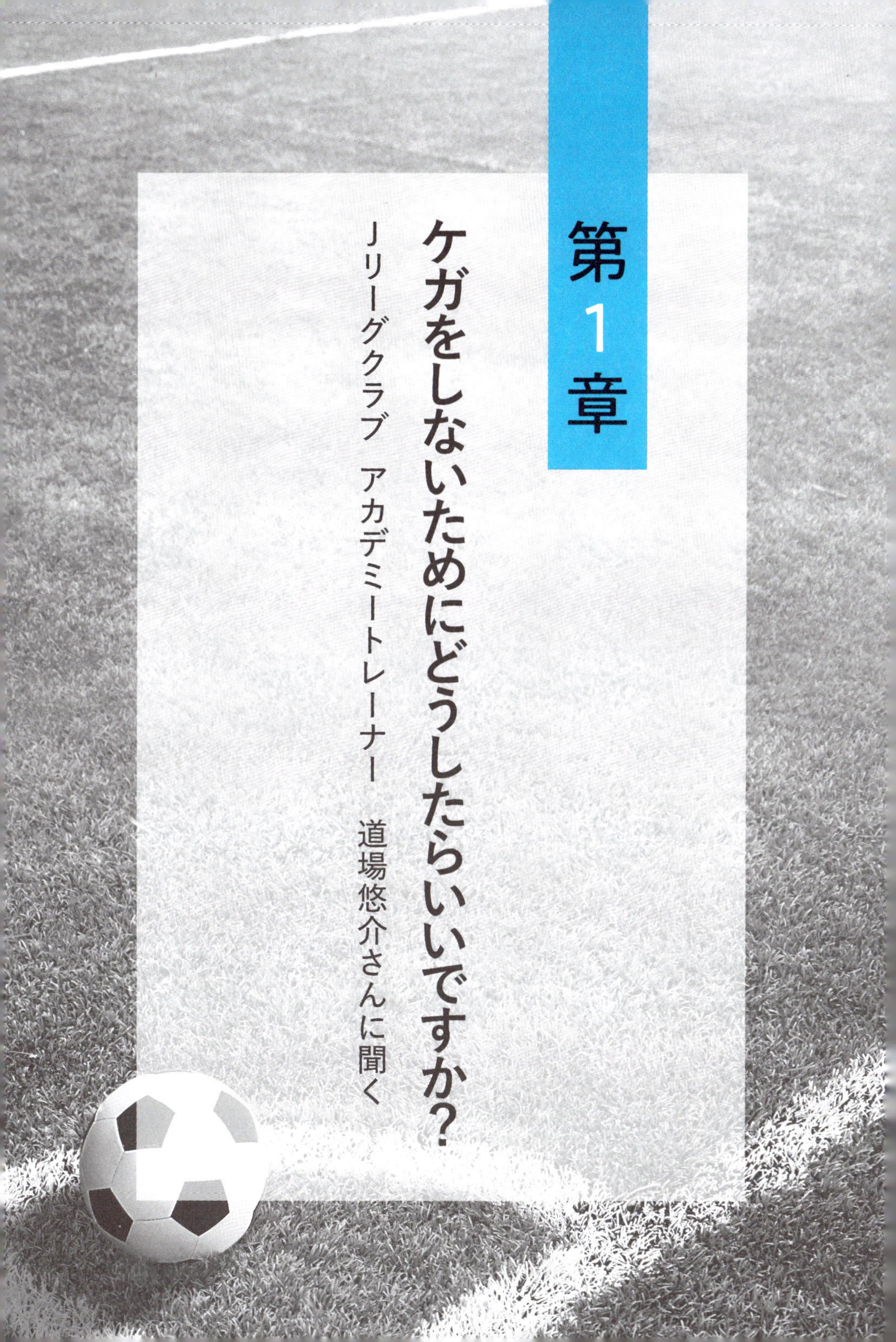

第1章

ケガをしないためにどうしたらいいですか？

Jリーグクラブ　アカデミートレーナー　道場悠介さんに聞く

最初にお話を伺ったのは、大槻コーチと水戸ホーリーホックのアカデミーで一緒に仕事をされている道場悠介アスレティックトレーナーだった。まだ29歳という非常に若い方ではあるものの実績も豊富で、大槻コーチによればかなり体のことを勉強されているという。

思い返せば自分が中学生のころ、サッカー部のチームメイトから突然「オスグッド・シュラッター病になった」と聞かされたことがあったが、正直なところどういうケガなのかまったくわからなかったことをよく覚えているし、いまだに詳しい症状までは理解していない。やはり小学生や中学生が自分の体の変化を正確に捉えることは難しく、大人もどこまで専門的な知識を持っているかはあやしいところだ。

今回の取材に同行する友人の、小学6年生の息子さんは、同じチームに所属する周囲の子に比べてなかなか身長が伸びないという。そもそも身長はどうやって伸びるのか。仕組みを知ることで、親から子にアプローチできることの種類や幅も変わるかもしれない。

あとは成長期の子どもが負いやすいケガにはどういう種類のものがあって、そのケガにはどういう対処をするのが適切なのか。あるいは果たしてそういったケガ自体を予防する手段があるのかどうかも、非常に気になるところだ。3人とも道場さんに聞きたいことはたくさんあり、前日のグループLINEでは数々の質問案が飛び交っていた。

サッカーをしている子どもに多いケガとは

土屋　道場さんはもともとＪＦＬのブリオベッカ浦安でトレーナーをされていて、今は水戸ホーリーホックのアカデミーにいらっしゃるということで、大人の体も子どもの体も専門的にご覧になってきているんですね。

道場　そうですね。僕はずっとブリオベッカでトレーナーをやっていて、いわゆる大人のトップチームでの経験と、今の中高生のアカデミーでの経験を通し、差があるなと思ったのは、大人と子どものケガの内容です。サッカーはコンタクトスポーツなので、大人はぶつかり合ったときの骨折や肉離れが多いのですが、そういうケガは「外傷」と呼びます。ほかにねんざや打撲、脱臼なども ここに含まれて、要は一度に強い力がかかるケガのことを「外傷」と称するんですね。一方で子どもの場合は、どちらかと言うと「障害」と呼ばれる疲労性のケガが多い印象です。つまりは練習をやりすぎてしまうときに、疲労骨折や裂離骨折（筋肉などが骨を持続的あるいは瞬間的に引っ張ることで骨が引き裂かれる骨折）が多く起きてしまうのです。

父親　ケガに「外傷」と「障害」という区分けがあるんですね。

道場　そうなんです。「障害」は特定の部位に繰り返し力が加わって、軟部組織が損傷するもので、スポーツによる使いすぎ、オーバーユースを原因として発生します。先ほどお話しした疲労骨折や裂離骨折、特に足の甲の小指側の骨の第五中足骨の骨折に加えて、ヒザに痛みが出るオスグッド・シュラッター病（以下、オスグッド）、かかとが痛むシーバー病などの成長痛が挙げられます。

父親　中学生ぐらいだと、そうしたケガの名前はよく聞きますね。

急激に身長が伸びる成長期はケガをしやすい

道場　僕は大槻さんと一緒に中学生を見ているのですが、その年代まではまだ成長過程にあり、子どもによって身長が伸びるピークはさまざまです。身長が伸びるピークが何歳なのかは、予測することができます。身長発育が最も盛んな年齢をＰＨＶ（Peak Height Velocity＝最大成長速度）年齢といい、あるシステムに、生年月日、身長、体重、座高を入力することでわかるのです。これはＪＦＡ（日本サッカー協会）のホームページでもチェックできます。それを見ながら、どう大人が子どもと接していくのかが、すごく大事です。

父親　ケガと、身長が伸びるタイミングはどう関係するのですか。

道場　やはり中学生の時期には、急に身長が伸びたことによって「クラムジー」が出て体を動かしづらくなったり、ケガをしやすくなったりするのですが、親としては「もっとやってほしい」「もっとうまくなってほしい」という思いから、「もっと走り込もう」となってしまいがちなんですよね。Ｊクラブのようにトレーナーがいるところだと、そこをコントロールできるのですが、無理やりやらせてしまうことで、ケガにつながることも多いのです。

動きがぎこちなくなる「クラムジー」

父親　うちの子の周りでも「クラムジー」という言葉を聞くことがあるのですが、「クラムジー」というのは、どういう状態ですか？

道場　「クラムジー」は日本語に訳すと『ぎこちない』とか『不器用』という意味で、スポーツ現場で成長期に見られる一時的な運動能力の低下や、身体能力の低下を指す言葉です。「うちの子、急に動きがぎこちなくなったんですけど」とか「足が遅くなった気がするんですけど、もっと練習させたほうがいいですか？」とか、質問を受けることがありますが、これが「クラムジー」の状態。身長は手足から、四肢から伸びますが、急激に身長が伸びた選手は柔軟性や体のバランスが失われてしまうんです。成長期には骨が先に伸びて、筋肉があとから付いてくるので、この変化に対応できない状態ですね。全力でやれるようになるまで2年間ぐらいかかってしまうこともあります。

身長によるフェーズを知ること

父親 これは基本的な話ですが、そもそも身長が伸びるというメカニズムはどういうものなんですか？

道場 身長が伸びるとは、成長ホルモンが促されて、骨が伸びていくことですね。だいたい10歳ぐらいまでは年間で平均5～6センチぐらいしか伸びないといわれていて、そのあとに急激に伸びていく時期がきます。そこに入るともちろん個人差はありながらも、13、14歳くらいまではだいたい1年で6～8センチ、14、15歳くらいまでには1年で女子なら約8センチ、男子なら約10センチも伸びます。そう考えると、小4ぐらいで「あまり伸びてないな」と思っていた時期から、一気に身長の伸びがくる。だから、その時期は体が動かしにくいというか、自分で自分の体に適応できていないような感覚が出てくるので、それが「クラムジー」にもつながりますし、急にケガをしてしまう子が増えてきます。でも、逆にケガが原因で休んでいたら、その期間に身長が伸びるパターンも多いんですよ。やっぱり休むと伸びるんです。

父親　それこそコロナ禍でサッカーができなかった期間に、身長が伸びた子が多いという話を聞いたことがあります。

道場　たとえば水戸ホーリーホックのアカデミーで使っているアプリのシステムに打ち込んでいる、ある子のデータを参照してみましょう。この子は、今は12歳11カ月なのですが、入力している数値から計算すると、身長発育が最も盛んな年齢は13歳11カ月。ほとんど1年後ということになります。

父親　ああ、そんなところまでわかるんですね。

道場　今はだいぶ詳しくわかるようになってきていますね。また別の子は、まだ140センチぐらいしかないのですが、2年後に伸びるピークがくることはわかっているので、「今は我慢だよね」というアプローチをすることができます。一方でユースには高2で2メートルの選手がいるのですが、その子はもう身長は大きく変わらないので、ここから将来に向けてどういうエクササイズをしたほうがいいのかも考える必要がありますよね。この子の身長発育は最終段階です。だから、「段階的にウエイトトレーニング（筋トレ）を指導していこう。自重からフォームを意識させて行い、段階的に重りを担いでいこう」とフィジカルコーチと話していきます。それぞれの子の、それぞれのフェーズで何をやるかはフィジカルコーチと一緒に考えています。

父親　それこそ家でできることもありますか？

道場　十分ありますよ。先ほどお話ししたように、ＪＦＡのホームページにも「ＢＭＩとＰＨＶについて」というページがあって、そこに生年月日、身長、体重、座高を入力するだけで数値が出るものもあるので、僕らはその子のデータを知っていても、あえて「自分でやってみてね」と言って、ＵＲＬを紹介したりはしています。やる子とやらない子にはっきり分かれますが（笑）。その子が今どういうフェーズにあるのかを大人がわかっていると、「今はこの時期なんだ」と把握できますよね。

我慢が必要なフェーズがある

道場　このあいだ、うちの子どもが通っている保育園に、ＰＴＡの行事でストレッチを教えに行きました。最後に子どもの成長の話をしたのですが、「うちのお兄ちゃんは身長が大きいんですけど、ちょっと最近鈍くさくて体が動かないんです。見ているとイライラしてきて……」ということをおっしゃった方がいて、それはまさにフェーズの話だなと。そういうことを親が理解していると、「今は我慢するしかないな」というようなこともわかるので、子どもも楽になりますよね。アメリカでＡＴＣ（アスレティックトレーナー）の資格を取った方に、「アメリカでは大きい人が多いですが、どうしているんですか」と聞いたら、「やっぱり我慢だ」とおっしゃっていました。アメリカでは季節によってサッカー以外にいろいろなスポーツをやらせることにも取り組んでいるようです。

大槻　親も焦らない必要がありますよね。早くまとまっている子のほうが見栄えはいいですが、成長のスピードはそれぞれで、「そんなに成長を待っていたら、チャンスがこないじゃないか」という考え方は、日本の育成年代の問題でもあるような気がしています。

道場　それは僕も感じています。次のイラストを見てください。これは身長が伸び切った選手Ａと、伸びている最中の選手Ｂの足の状態を示しています。Ａ選手は、もう「成長線」は閉じてきているんですね。この線は「骨端線」と言うのですが、Ｂ選手のほうにはまだあります。ここが隙間のように見えますが、骨折しているわけではな

骨端線

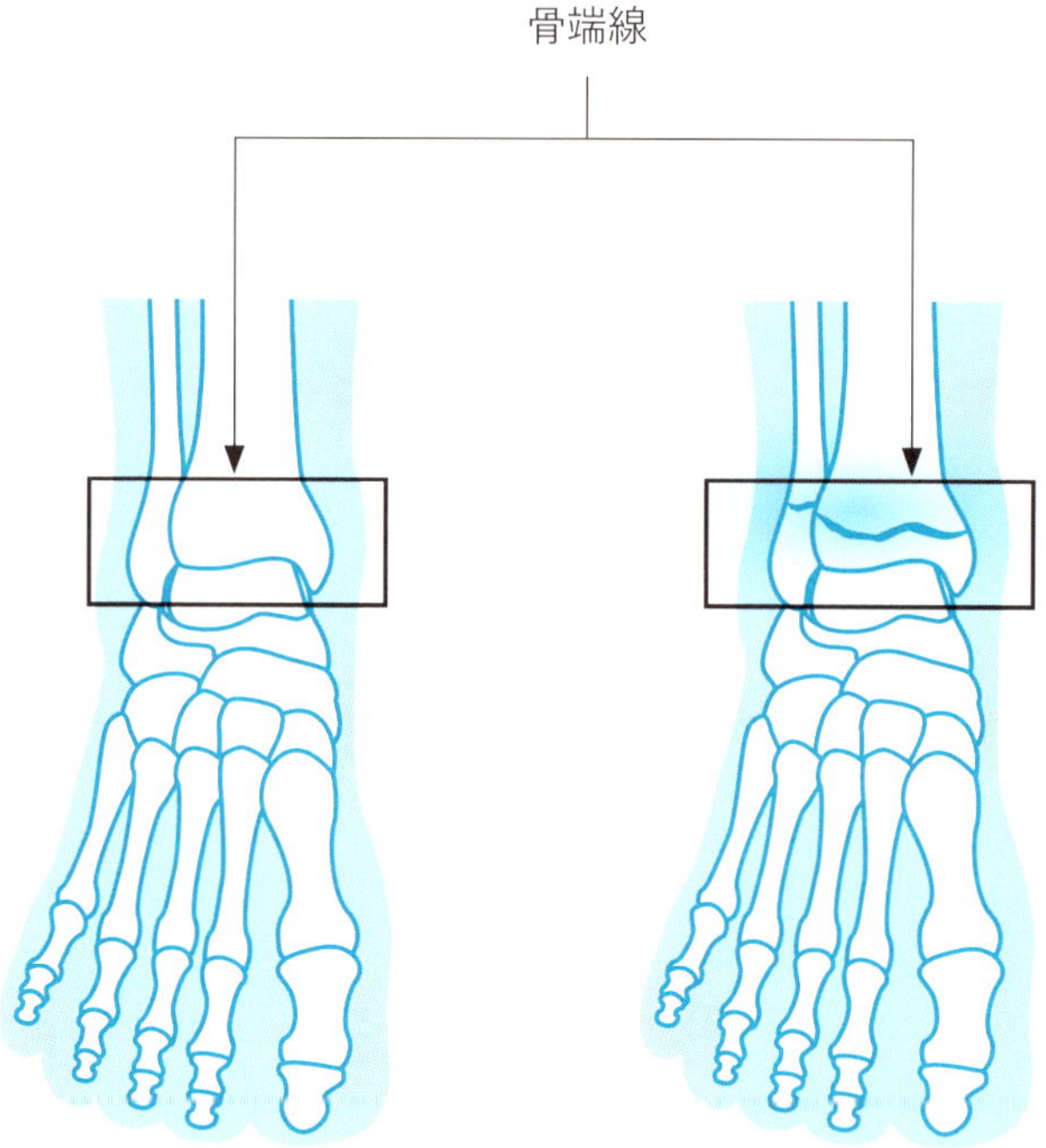

A選手の右足

15歳で身長が180センチほどと伸び切っている。骨端線は閉じかけてきている

B選手の右足

14歳で身長は160センチほど。まだ成長線がある

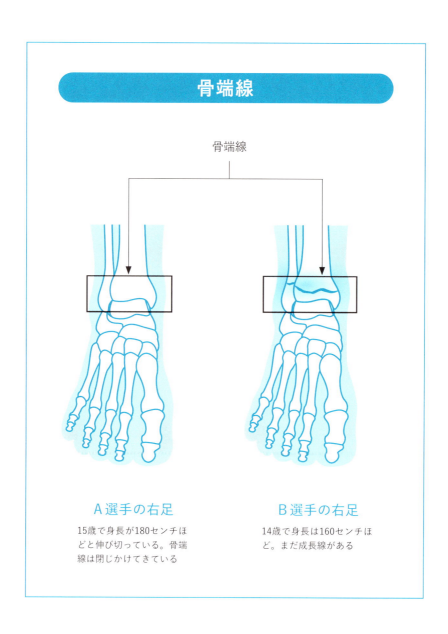

いんですよ。伸びる余地があるということです。隙間がどんどん埋まり、成長とともに消えてくるのですが、このとき骨が伸びて、筋肉は遅れて伸びていく。つまり、身長が伸びているときは骨が先に伸びるため、骨に付いた筋肉が伸び切ってしまいます。骨に引っ張られるかたちですね。それでオスグッドとか、かかとのシーバー病という成長痛につながっていきます。ここは軟骨で折れやすいのですが、大人の骨に比べて子どもの骨は弱くなっていくことを、まず理解してほしいと思います。

父親　そうしたケガの予防法はありますか。

道場　予防としては筋肉と腱を一緒にストレッチしましょうということと、あとは練習の負荷の調整ですね。体がフィットしていないときに、過負荷をかけるのはケガの原因になります。

ねんざを甘く見ない

父親　よくあるケガとして、ねんざも挙げられるかと思います。これは大人に多い「外傷」に含まれるというお話でしたが、子どもにも多いと考えていいでしょうか。

道場　大人だけではなく、子どもにも多いです。そこで気になるのは、みなさん「ねんざ」をちょっと甘く見る傾向があるのかなと。

父親　確かに「ねんざ」と聞くと、軽いケガのような感じがしてしまいますね。

道場　昔は「ねんざはケガじゃない」といわれていた時代もあったようですが、ねんざの既往歴がある人の4割は再受傷するといわれています。あとはだいたいねんざは靭帯損傷だけだと捉えられているのですが、子どもの場合は裂離骨折していることも結構あるんですね。でも、レントゲンではわからないことも多いんです。超音波エコーで見てみて、初めて骨が飛んでいることがわかったりします。

父親　ねんざで骨折する場合もあるんですね！

道場　ありますね。裂離骨折というのは、靭帯が骨を引っ張ったときに、その骨が子どもの成長過程ではまだ軟骨で、柔らかいために一緒に剥がれてしまう状態です。そこを甘く見られてしまいがちなのです。実際に超音波エコーがある整形外科も少ないのですが、そういうことを理解しているドクターに見てもらって、そのうえで固定して、リハビリという過程を踏んでほしいんですよね。そのときにも可動域と筋力とのバランスが大事で、たとえば片足ケンケンをしたときに両足の左右差がないことを確認しないと、またケガをする可能性があるよというのは、僕らの感覚としてあります。

父親　ねんざに対しても正確な知識と対処法が必要なんだということがわかります。

ねんざのメカニズム

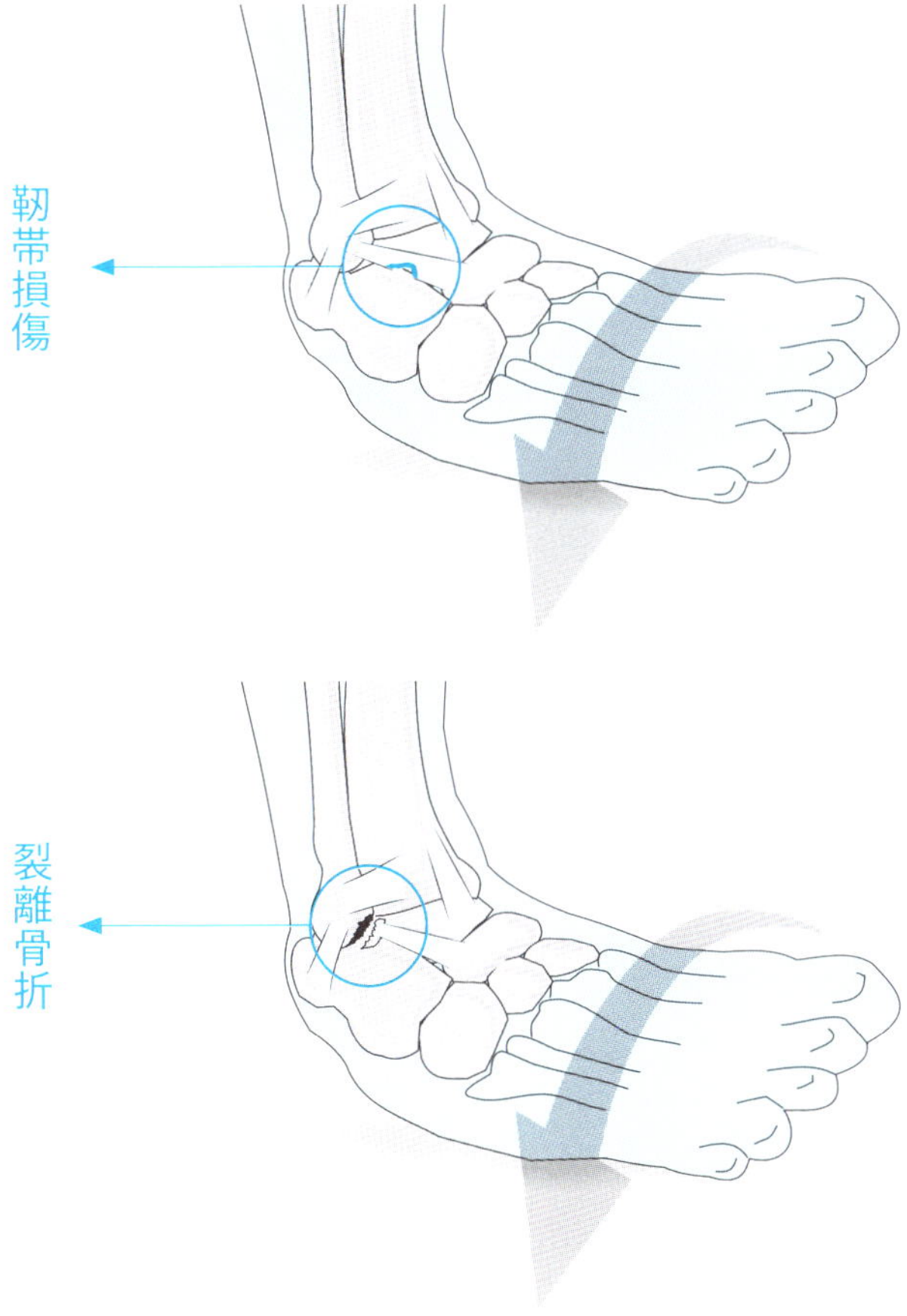

道場　ねんざでの裂離骨折は子どもに多いのですが、結局そのままやってしまうことも多いんですよね。あとは一度目の靭帯損傷のときが重要で、そのときにちゃんと固定してリハビリをすれば強度は戻るのですが、靭帯が伸びたままで「多少の痛みならやっちゃおうか」という軽い考えでプレーしてしまうと、そこから慢性的なひねり癖になったり、変形性の症状が出たり、あとは軟骨が毛羽立つように傷つく「トゲ」や、軟骨の一部が剥がれて関節内を動き回る「ネズミ」が出てくることもあります。それがきっかけでサッカーを続けられなくなる場合があるので、ねんざを甘く見ないでほしいです。

中学生に多い腰椎分離症

父親　ねんざに対する意識が変わりました。ほかにも注意したいケガはありますか。

道場　腰椎分離症、つまり腰の疲労骨折ですね。実は僕がトレーナーを目指したきっかけは、自分が腰椎分離症に苦しんだことなので、子どもたちにもそれが多いのは気になっています。うちのチームでは限りなく減らしていきたいと思っていた中で、今は年に1人か2人ぐらいがなってしまっているのですが、僕が来る前は5人ぐらいが腰椎分離症になっていたんです。

父親　腰椎分離症とは、どういう症状なんですか？

道場　一般的に、腰を反らしたら痛いとか、腰をねじったら痛いというのは、腰椎分離症の可能性があるという症状です。２週間以上続く子どもの腰痛は要注意というイメージですね。授業中でも椅子に座っているだけで痛いとか、体育座りすると痛いとか、そういうことが多いです。そこからしびれが出てくると、今度はヘルニアの可能性もあるので、その場合はすぐに病院で診てもらってほしいですね。ちなみに腰椎分離症はレントゲンで写りづらいんですよ。背骨の椎弓《ついきゅう》という部分が折れるのが原因なのですが、レントゲンは後ろから撮るものなので、その個所は見えづらく、ＭＲＩ、ＣＴ撮影が必要です。

父親　メカニズムとしては、どういうときに起こるのですか？

道場　勤続疲労ですね。同じところに負荷がかかって、そこの弱い部分、椎弓というところが折れてしまうんです。たとえば針金を考えてみると、同じところを何度も曲げていると、そこから折れてしまいますよね。

父親　それはイメージしやすいです！

道場　それと一緒で、上と下が硬かったら真ん中のものが折れてしまうよねと。もと

腰を反らしてチェック

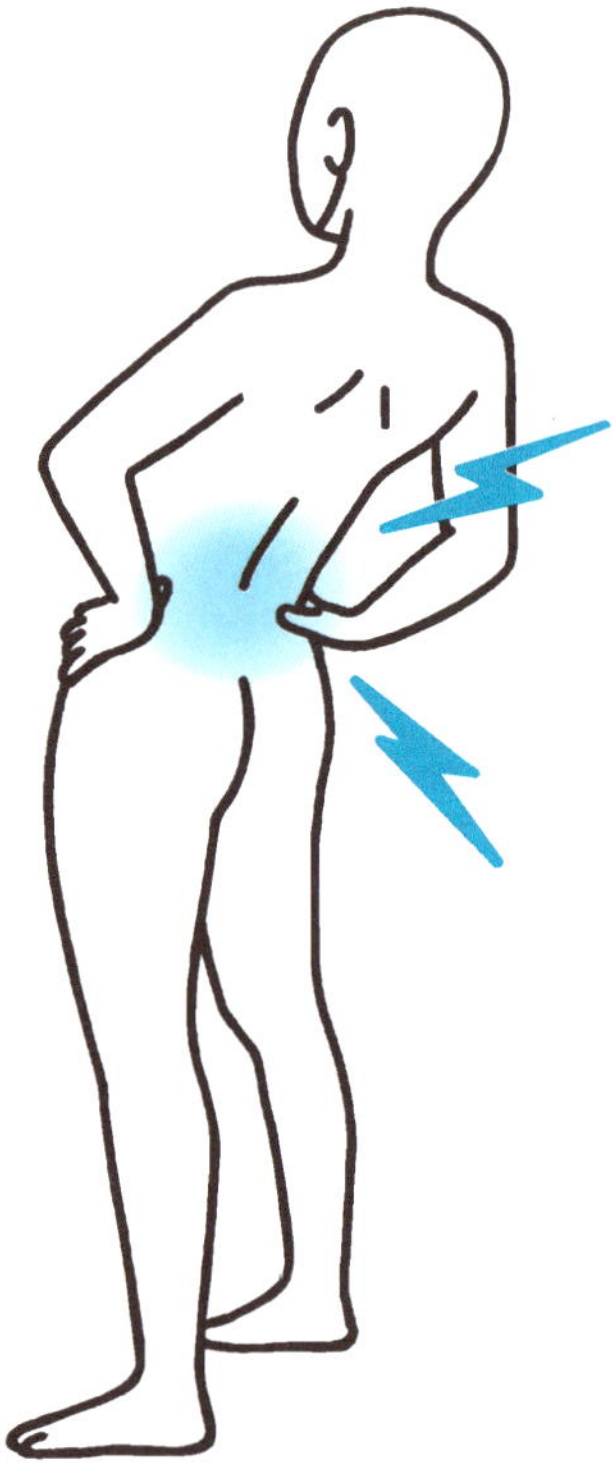

腰を反らしながらひねると痛みがあるときは、
腰椎分離症の可能性があるので、注意する

もと腰はあまり動いてはいけない関節なんです。そこで安定性をもたらすために、体幹のトレーニングや、柔軟体操が必要になってきます。

土屋　それは中学生に多い症状なんですか？

道場　中学生に多いです。僕は高1でなったのですが、もともと3月生まれなので、中3ぐらいの年齢で発症したようなイメージですね。中学生は小学生のころに比べて練習がハードになったり、ボールの大きさも変わったりして、体にかかる負荷が上がってきますが、一番は身長が関係していると思います。あとはスポーツをしている時間が長いと、その繰り返しで負荷がかかります。特にこの症状は、ねじる動きが多いスポーツ、テニスなどでよく見られるといわれています。

父親　実際に腰椎分離症になった場合はかなりの休養が必要になってきそうですね。

道場　まず親御さんには、2週間以上腰痛が続いた場合には腰椎分離症の可能性があるということをわかっていただきたいですし、その場合はスポーツドクターや脊椎専門医がいる病院、またはMRI、CT撮影ができる病院に行っていただければと思います。実際にレントゲンに写るときは、もう終末期に近い段階だからです。初期、進行期、終末期という段階の中で、初期だったら3カ月ぐらいコルセットをしてリハビリをすれば骨はくっつくといわれています。それが進行期になると6カ月ぐらいはかかり、終末期ではもうくっつかないので、そうなると痛みが伴うリスクを負ったうえで復帰させないといけなくなってしまいます。加えて小さいころに終末期の状態になってしまうと、骨はくっつかないので、最悪のケースだと腰椎が滑ってしまうこともリスクとしてはあります。そうならないためには初期段階で気づくことが大事ですね。あとは柔軟性も重要です。ももの裏の筋肉が硬かったり、胸椎が動かなかったりというのは大きな要因ですね。

オスグッドについて

父親　子どもに多いケガとして、先ほど名前の挙がったオスグッドも気になります。

道場　オスグッドも、骨が成長して筋肉が引っ張られることで出てくる症状です。大腿四頭筋の硬さが原因のひとつと言われているのですが、脛骨粗面というすねのところで骨端部分が剥がれ、ヒザのお皿の下が出っぱって痛みが出ます。症状が出やすいのは、小学校5、6年生ぐらいから中1、中2ぐらいまでですかね。骨が安定してきたら痛みが減ってくるイメージです。

父親　休ませるか、やらせるか、線引きが難しいところですよね。

オスグッドのメカニズム

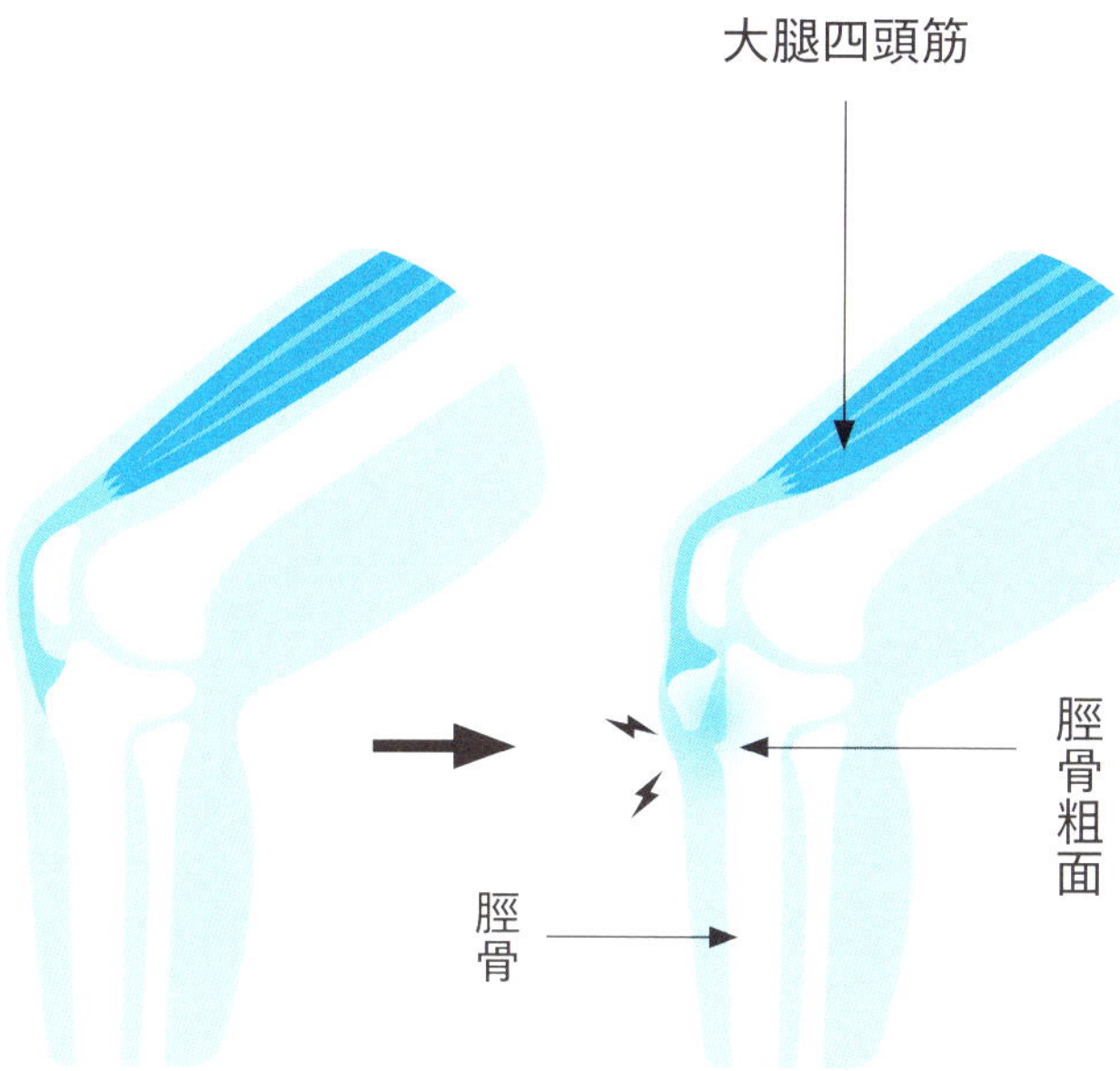

骨が伸びて、太ももの筋肉が引っ張られ、すねの骨端軟骨の一部が剥がれる

道場　難しいですよね。僕は足を引きずっていなければ「やってもいいよ」と言うこともあります。ただ、「8割以上でやれないんだったら、やらないほうがいいんじゃない？　だって、自分の評価が落ちちゃうよ」という話し方もします。ちなみにねんざやヒザの痛みが出たときには、「片足ジャンプできる？」と聞いて、できなかったら「それでサッカーできる？」と聞きます。「じゃあやめとこうか」と。基準をつくるのはひとつのやり方で、僕はその片足ジャンプを使っています。そうすると僕がいないときにも、コーチ陣が「片足ジャンプできる？」と聞いて、そこを基準に練習するかしないかを判断してもらうこともありますね。

父親　実際にオスグッドの子が練習をやっても問題ないんですか？

道場　練習の種類にもよりますね。ある程度痛みがなくなって、いろいろな動作ができるようになったら、たとえば100パーセントで走れて、ジャンプもできるようになったら、「じゃあ戻ろうか」とか。あるいはパス回しだけ参加するなど、段階を踏んで復帰していくことも重要で、「フリーマンはオーケー」とか「接触はなし」とか、部分合流していく流れで復帰させることもあります。子どもがケガをしたあとは、どうしても「ゼロか100か」になりがちです。「骨折しました」「骨がくっつきました」「ドクターがやっていいよと言いました」となったら、やっぱり子どもは100パーセントでやっちゃいますよね。そこで「ジョギングから始めましょう」「次は7割で走ってみましょう」「じゃあジャンプもやりましょう」「これもできるんだったらパスコン（パス&コントロール）だけ入ろうか」とか、そういうプロセスが重要だということは、ケガから復帰しようとしている子どもに言ってあげてほしいですね。

父親　確かに子どもは「やれるか、やれないか」の「ゼロか、100か」になっちゃいますよね。

大槻　そこで指導者もそれをわかっていることが大事ですよね。あとは周りです。痛くて走れない子がいても、周りの子が「走らないのズルい」と言うこともありますし。

道場　僕も腰椎分離症のときは「オマエ、サボってんじゃん」と言われましたからね。そこをコーチたちがどうサポートするかは、すごく大事だと思います。

父親　子どもはそういうことを言いそうですね（笑）。

大槻　でも、サボっている子はちゃんとわかりますよ（笑）。

父親　トレーナーの方も、現場と家庭とでコミュニケーションを取りながらやらないといけないですよね。

道場　そうですね。それこそ練習が休みの日に、選手の診察についていって、一緒に話を聞いたりもしますよ。正直、ドクターからケガの説明をされても、親御さんもわからない部分もあります。そこでこちらからも、先ほど話したような段階を踏む話を伝えたりとか。専門のスポーツドクターの方は「ここまでやっていいよ」と言ってくれるんです。「ジョギングはいいんじゃない?」「ドリブルはいいよ」とか明確に伝えてくれるドクターがいるとありがたいですね。

ケガの予防に適したスパイクの底面の形状がある

土屋　ケガの原因を考えると、人工芝も含めたグラウンドの問題もありそうですね。

道場　その通りです。それにつながって高校生は第五中足骨の疲労骨折(Jones骨折)にも注意が必要です。そこには、スパイクとの関連性もあります。最近のスパイクは歯形形状も多いのですが、水戸ホーリーホックのジュニアユースの選手には履かないようにお願いしています。歯形は天然芝用のスパイクなので、グリップ力が高くて、急なストップや切り返しのようなスピーディーな動きには有利な一方で、大人に比べて筋量の少ない子どもにとっては、一気に止まれるぶん、ヒザや腰への負担がすごく大きい。そのため、なるべく細かいステップで止まれるように、丸形のスパイクや、あるいはトレーニングシューズのような「イボイボ」が多いものを選んでほしいとは

第五中足骨の疲労骨折（Jones 骨折）

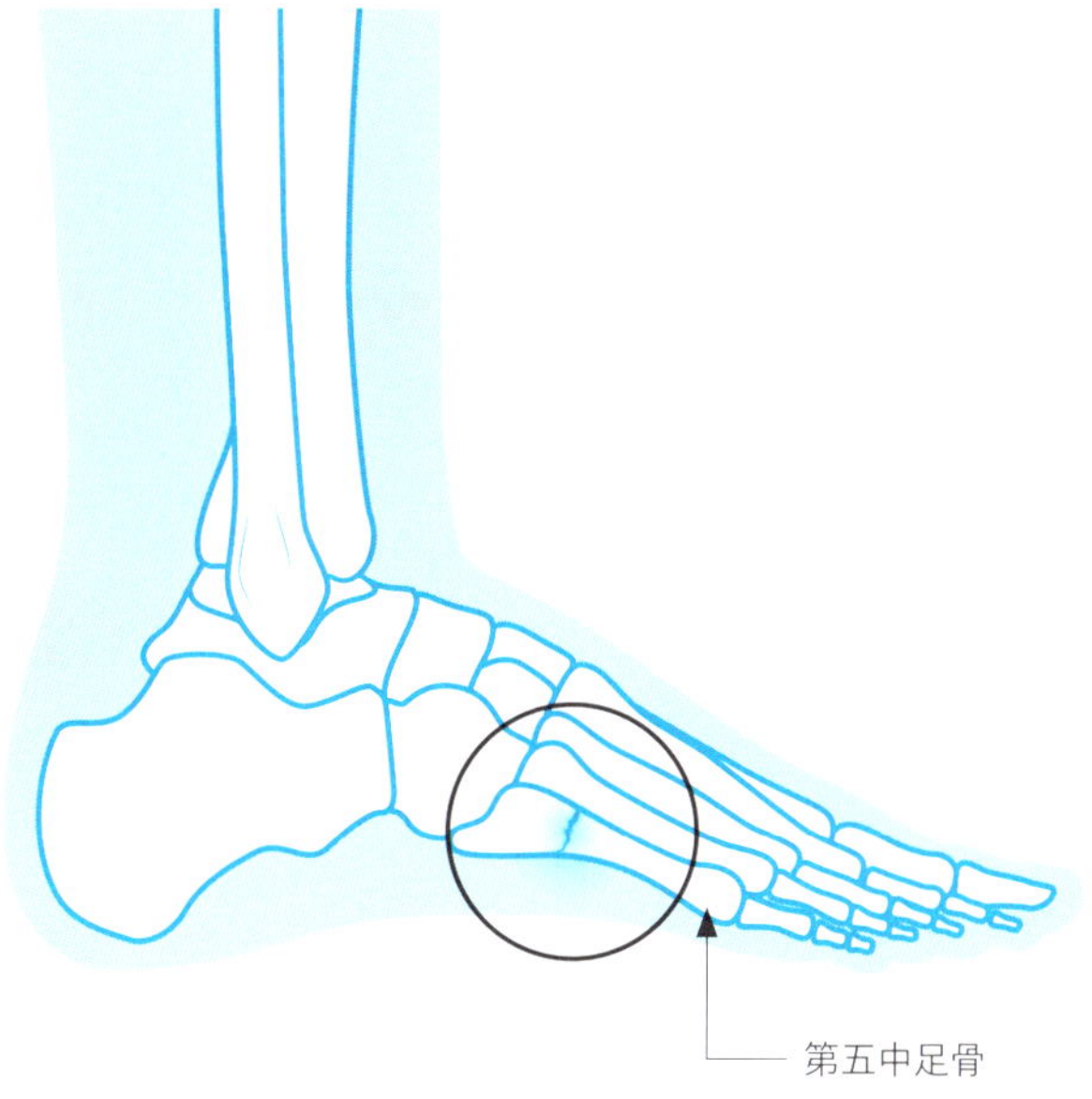

話しています。これは、中1の入団説明会のときに言わせてもらっています。

父親 グリップが強いと、無理にでも止まれちゃうということですか。

道場 そうなんです。プロの選手なら問題ないと思いますが、子どものときはポイントの多いものを履いてほしいですね。

土屋 第五中足骨の骨折は、僕らが高校生のころにはあまり聞かなかった印象があります。

道場 やはり人工芝の問題が大きいですね。土のグラウンドだと滑りながら止まれるので、力が分散するんですよ。水戸は冬になると人工芝のグラウンドが凍るのですが(笑)、そういうグラウンドの硬さも影響していると思います。ただ、フットサルのほうが体育館の中でキュッキュッ動いている印象があるにも関わらず、サッカーに比べて中足骨の骨折は少ないらしいのです。競技人口が少なく分母も少ないですが……。そこはフットサルのシューズをイメージしてみても、やはり底面の形状的に力が分散されるのかなと。そう考えるとやっぱりスパイクと人工芝の硬さが原因ではないかと推測しています。予防できるところはやっていこうかという話で、スパイクの丸形は推奨したいですね。あとは、ウォーミングアップや走り込み練習の際にはトレーニングシューズを履くなど、スパイクとの使い分けをするといいでしょう。

ケガの予防方法

父親　オスグッドやねんざ、分離症などの予防策はないですか？

道場　僕は子どもたちには、ももの裏の柔軟性と、胸椎の可動域を広げるためのエクササイズをやっています。あとは腹圧が足りなかったり、体のバランスがよくなかったりするので、そこを整えることをまず基準にしていますね。加えて協調性といって、体全体の使い方を覚えていくために、筋トレのような動きのトレーニングを教えていきます。**大事なのは腰の安定性と上下の関節の可動性ですね。**

父親　柔軟性を高めるにはどうしたらいいんですか。

道場　僕はまず、**自分の体を知るために、５つのテスト**をします。①「しゃがみ込みはできますか」②「前屈したときに地面まで手が届きますか」③「うつ伏せでヒザを曲げたとき、かかとがお尻につきますか」④「うつ伏せで股関節が左右均等に開きますか、30〜45度開きますか」⑤「目を閉じて、30秒間片足立ちすることができますか」というものです。

土屋　道場チェックですね（笑）。

自分の体を知るための5つのテスト

1 しゃがみ込む

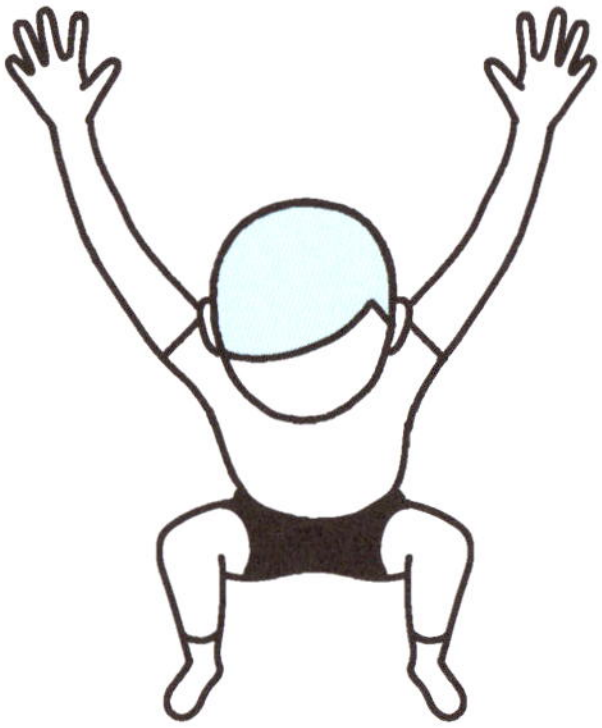

かかとをついたまま腰を落とせたら○
倒れてしまうと×

ココがわかる

足首の硬さ
＜ねんざ予防チェック＞

2 前屈する

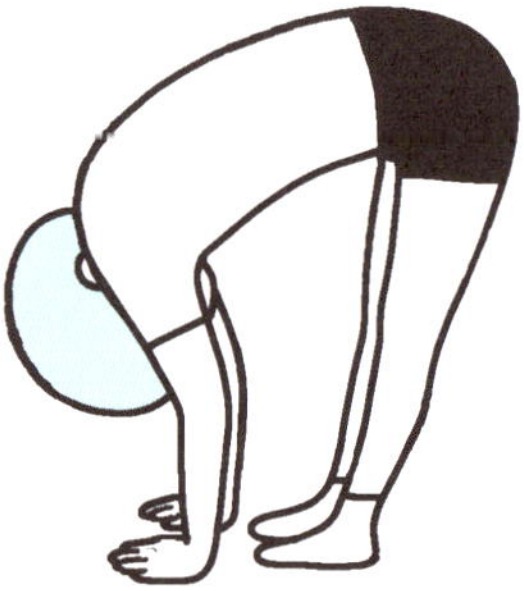

地面に手が届けば○

ココがわかる

ハムストリングスの硬さ
＜肉離れ＆腰椎分離症予防チェック＞

3　うつ伏せでヒザを曲げる

ココがわかる

大腿四頭筋の硬さ
＜肉離れ＆オスグッド予防チェック＞

かかとがお尻につけば〇

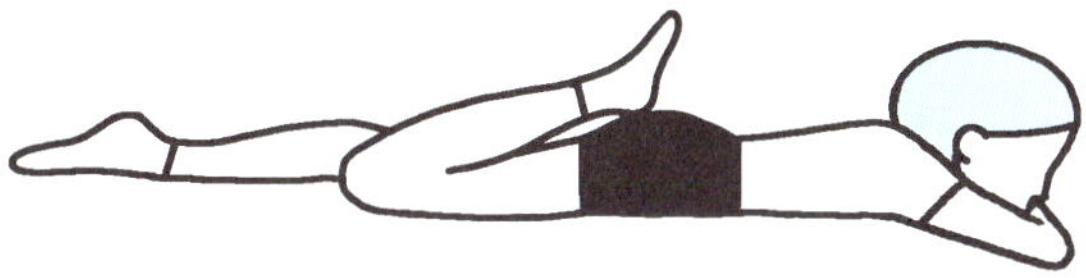

4　うつ伏せで足を開く

股関節が左右均等に30〜45度開けば〇

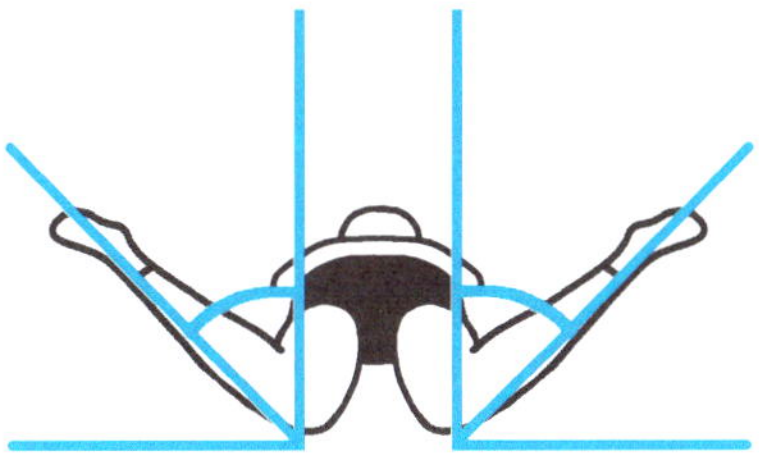

ココがわかる

股関節の硬さ
＜股関節痛＆
第五中足骨疲労骨折予防チェック＞

5　目を閉じて片足で立つ

30秒間立てれば〇

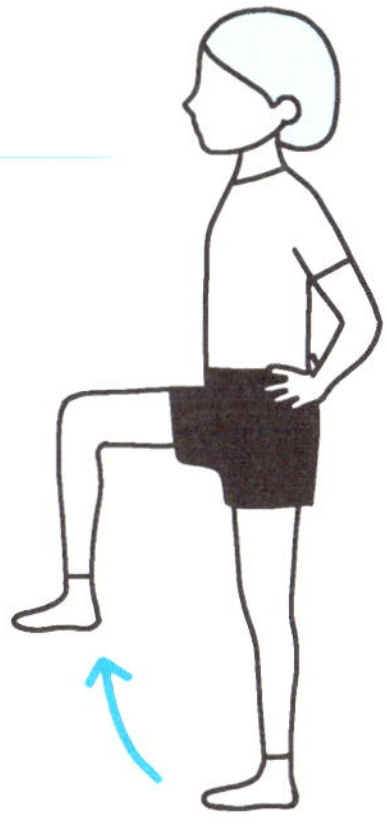

ココがわかる

バランスの悪さ
＜バランスチェック＞

道場　そんな大したものではありませんが（笑）、バランスが不安定な状態だと、ジャンプで接地したときにねんざなどにつながりますからね。5つのテストをしたあとは、うまくできなかった動きを改善するため、それぞれの部位をターゲットにストレッチをするという流れになります。

ケガの状態を自分で説明できるようにさせる

父親　子どもがケガをしたときに、親の寄り添い方で考えることはありますか？

道場　ケガをした子どもが、自分で状態を説明できないことも少なくありません。チームでも、「どこが痛いの？」と聞いても説明ができず、お母さんが説明し始めることもあって、子どもが自分で言えるようにするために、どう指導するかはいつも考えています。僕も子どもがいますが、ケガをしたときには「なんで痛くなったの？」と聞きます。ぶつかったことでの痛み、つまりは「外傷」なのか、あるいは定期的に出ている痛み、「障害」なのかを把握して、病院を受診してあげられる環境はつくってあげたいなと思っています。それをわかっていれば、診療がスムーズに進むからです。ただ、どこに行ったらいいかという問題もありますよね。

父親　整形外科、整骨院などいろいろありますが、迷いますよね。

道場　個人的には最初に整形外科に行って、治療をするなら整骨院や鍼灸院に行く流れがいいのかなと思います。ドクターの診断が出てから、それに応じた場所に行くのがベターかなと。僕は鍼灸整骨院で働いていましたが、結局「骨が折れているかもな」と思ったら整形外科に行ってもらうんですよ。ファーストチョイスは整形外科がベターですし、そこで肉離れと判明したら整骨院に行くという判断もできます。あとはサッカー特有のケガとしては鼻の骨折と脳震とうがありますよね。実は鼻の骨折は、整形外科の専門外なんです。首から上の疾患は整形外科の領域ではないので、行くべきなのは耳鼻科か形成外科になります。

父親　へえ。そうなんですか！

道場　これは結構知らない人も多いですよね。脳震とうも整形外科ではなくて、脳神経外科に行くことになります。またコンディションの問題として、「疲れやすい」「休んでいるのに疲れが取れない」などの症状を訴える「鉄欠乏性貧血」は、内科を受診することになります。水戸にある水戸協同病院には珍しくスポーツコンディショニング外来があり、アスリートの内科的疾患を診察していただいています。最近では女性アスリート外来がある病院も増えていますね。月経不順などは専門医に相談することをすすめます。

大槻　道場トレーナーは親御さんに説明するのが上手なんです。親御さんや子どもの気持ちに寄り添ったり、心理を読み取れたりするんですよね。

道場　僕は選手とコミュニケーションをよく取るほうだと思います。本当に些細な会話もしますから、「この子はこういうことで悩んでいそうだな」というのは、感覚的にわかります。選手は監督に話しづらいこともあります。やっぱりトレーナーは一番のはけ口で、いろいろな話はトレーナールームで出てきやすいです（笑）。そこでもちろんコーチのことは否定せずに、選手側につきながらも、必要な情報だけ話すようにしていますね。一番大事なのはチームがうまく回ることですから。ある意味で中間管理職ですよね（笑）。もちろん子どもに寄り添いすぎてもよくないとは思いますが、今の時代的にもそうですし、僕は年齢的に選手と近いから話しやすいというのもあると思うので、そこは今の自分の強みとして、あえて同じ目線で携わっています。

休息の重要性を認識する

父親　今は毎日のようにサッカーをする子が多いです。うちの子も所属チーム以外にスクールに通うことも考えていますが、休息の重要性についてどうお考えですか。

道場　たとえば「1週間に1回休め」と言われても、結局勉強があったり塾があったりします。「月曜日はオフだ」というのは、サッカー面ではオフだとしても、いろいろな面でオフではないことも多いですよね。ストレスも含めた疲労の蓄積が出やすいので、夏休みは「家族であえて遊んでください」とか、「違うスポーツをやってみてください」ということは伝えています。

土屋　最近はJクラブのアカデミーでも学校の長期休暇中に、長めの休みを取るチームが増えてきてはいますね。

道場　水戸も、夏休みはまとまって休む期間を設けるようにしています。それで心理的にもよい傾向が現れたり、あとは休息を増やすことで身長を伸ばしたりという効果も考えています。「サッカーは1時間までね」とか「ジョギングは20分までね」とか、過負荷にならないように伝えていますね。やっぱり中学年代だと、身長のこととメンタル的なリフレッシュが大事です。1回サッカーから離れてみる時間をつくるのもいいのかなと。違うチームでは、キーパーだけ週3回の練習にして、ローテーションで参加する例があり、それも身長を伸ばすためだと聞きました。あとは睡眠の部分ですね。遅くまでゲームをやる子もいると思いますが、本当に意識の高い選手は早く寝ると思うんです。子どもにはある程度「こうしてほしい」と説明しつつ、親御さんにも「こういう理由で休暇を取っていますよ」と保護者会で伝えています。

大槻 小学生は休んだほうがいいですよ。サッカーばかりやっている子が多いので。

道場 あとは「ほかのスポーツをやったほうがいいよ」と言うこともあります。「野球やってみたら」「テニスやってみたら」と。

土屋 サッカーをトップレベルでやっていても、野球をしたことのない子は多いです。

道場 そうですよね。ジュニアの子どものコーディネーションのトレーニングで、僕も時間をもらったりするのですが、「ボールを投げてみて」と言ったときに、右手では後ろから投げられるけれど、左手ではできなくて「え？ 振りかぶれない？」とか。あとはキャッチできないというか、落下地点に入れなかったりしますよね。

父親 中学生は、一番忙しいですよね。夜に塾に行ったりする子もいますし。

道場 中学生は大変だと思います。あとは現場目線から言うと、移動の問題もありますね。1時間以上かけて来ている子は、帰るのも大変です。それでも一応、水戸のアカデミーの練習は20時に終わるので、そこから21時に家に帰って、22時には寝られるのかなと。でも、都内のチームだと練習を19時から21時ぐらいまでやっているところが多くて、そうすると22時に帰って23時に寝ることになります。子どもにとっては栄養、休養、睡眠が絶対に大事なので、やっぱり睡眠も8時間以上確保してほしいですね。ケガをしたり風邪をひいたりという確率を考えると、睡眠時間が8時間以下では1・7倍、6時間以下だと4倍になるというデータもあります。子どもは風邪もひきやすいので、可能であれば、またプロになりたいのであれば10時間寝てほしいです。

子どもに自分で気づかせる

父親　小中学生との関わり方で特に意識されていることはありますか？

道場　僕が大事にしているのは「これをやったほうがいいよ」と言うのではなく、子どもに自分で気づかせるような問いかけをすることです。たとえば、「練習前に補強トレーニングをしなさい」「ケガしないためには家に帰ったらストレッチしなさい」と言うのではなく、「練習前にいきなりダッシュやシュートしたらどうなりそう？」「家に帰ったらケガ予防で何をしたほうがいい？」と促しながら伝えます。あとは子どもの心理を理解して向き合うこと。子どもは痛くてもサッカーをやりたいもので、そこには「休むとスタメンを取られるから」というマインドがあるのですが、「親やコーチが『やれ』って言ったから」と言うことも多いんです。そういうときには「やるのは自分じゃないの？」と言います。一方で、親には子どもの小さな異変に気づけるようになってほしいです。コーチたちも「ちょっとアイツ、動きおかしいよね？」と気づいたときに、「どうしたの？」「足が痛いです」「それは最初から言っていいんだよ」というような会話をしてほしいなと思います。そのためにも、いつどんな状況で、どんな痛みがあったのかを、親が聞く練習をすることは大事です。その重要性を伝える話として、「それができれば、代表チームに行ったときにも知らないトレーナーに自分のことを伝えられるよね」などと伝えてあげるといいと思います。

子どもが疲れていたら

父親　子どもが疲労を感じたときには、どう対応したらいいでしょうか。

道場　疲れやすくなったら休むのは大事です。意外とちょっとした練習で疲れてしまう子もいるんですよ。貧血がある場合もあるので、そこでも親の察知は重要です。あとは体が張っているという場合には、寝る前のストレッチ、交代浴もおすすめです。氷を水と一緒に洗面器に入れて足を浸し、浴槽に浸かるのと交互にやるなど、セルフケアの方法を子どもたちに教えています。夏だと熱中症の問題もあるので、「水シャワーを浴びて、熱疲労を取ろうね」ということも話しています。要は疲労感をなるべく持ち越さないということですよね。

父親　それは家でも十分にできそうです。

道場　ぜひやってほしいです。朝に体重を量って、練習後にも体重を量って、全体の2パーセントから5パーセント落ちていたら、パフォーマンスも下がるので、そういうときはちゃんと栄養をとろうねと。栄養、休養、睡眠を十分にとっているにも関わらず、エラーが起きているということは何か疾患が起きている可能性もあるので、一度ドクターに相談したり、血液検査をしたりしてもいいのかなとは思います。

父親　自分の体のことを知って、それに応じたことをする大切さがわかりました。

道場　僕はあるJチームのユースに研修で2年間行ったことがあるのですが、今では世界を舞台に活躍している選手たちが、当時、練習の1時間前に来て、体幹トレーニングをやって、バランスディスクに乗って、ストレッチポールで体をほぐして、ジョギングしてから練習に臨んでいたことを覚えています。

父親　すごい意識の高さですね。

道場　はい。その子たちは意識が違いました。そこも「本当にケガしたくない」と、どこまで思えるか、ですよね。

第1章の習慣（まとめ）

1 成長のスピードは人それぞれ。
今のフェーズを大人が理解する必要がある

2 ねんざを甘く見ない。靭帯損傷だけではなく、
裂離骨折している可能性もある

3 腰椎分離症＝腰の疲労骨折。
２週間以上続く腰痛は要注意

4 子どもは「ゼロか 100 か」になりがち。
ケガからの復帰には適切なプロセスを

5 ケガをした子どもが自分で状態を
説明できる環境をつくっておく

6 メンタル的なリフレッシュと
体の成長促進のためにも定期的に休息を

7 成長には栄養、休養、睡眠が絶対に大事。
睡眠は８時間以上取ってほしい

8 子どもが自分でケガに対して認識し
ケガ予防に気づくような問いかけをする

第2章

主体性って育てられますか？

サッカースクール指導者　猪俣孝一郎さんに聞く

場さんのお話は、専門的でありながら非常にわかりやすく、サッカーではないスポーツに取り組んでいる自分の中学生の子どもにも、フィードバックできそうなことがたくさんあった。

道

友人には小学校6年生の息子さんと小学校2年生の娘さんがいて、どちらもチームに入ってサッカーをしている。基本的には楽しみながら、練習もよく頑張っているそうだが、奥さんがそれを「習い事」のひとつとして捉えるのが気になるという。まさに自分も引っかかっていることだ。知人との会話で「○○くんはサッカーを習っていて……」と言われたときに、「サッカーって習うものなのかな?」と疑問が生じたこともある。私が小学生のころ、サッカーチームの活動を「習い事」だと感じたことはなかったからだ。

そんなモヤモヤを大槻さんと話していた中で、ある人の名前が挙がってきた。猪俣孝一郎さん。大槻さんの三菱養和時代の盟友であり、未就学児から大人まであらゆるカテゴリーを担当してきたスペシャリスト。とりわけ子どものハートをがっちりとキャッチして、それぞれに合ったアプローチを試みながら、サッカーを楽しませることに長けているらしい。受け身の子どもが増えているこの時代に、サッカーを通じた主体性はどうすれば育んでいくことができるのか。そんなことを聞こうと考えていた我々の前に、猪俣さんは非常にリラックスした表情をまといながら、実に軽やかな雰囲気で現れた。

楽しむことが大事

父親　小学生がサッカーをするうえで一番大事なことはなんですか？

猪俣　楽しむことです。楽しいと思ってやっていることが何より大事ですね。やっぱり『楽しむ』には敵わない」とよく言うじゃないですか。「努力しなきゃ」「やらなきゃ」という子と、「やらずにはいられないんだ」という子では、後者のほうが最終的には上回っていくことは実感としてあります。「やらなきゃ」とか「やらせたい」という親の思いは余計なもので、「楽しい」「やりたい」という気持ちが、ある程度ベースにほしいです。「楽しもうよ」ということが大事だと思います。「努力より夢中」という言葉が私は好きです。

父親　子どもが「楽しむ」気持ちですね。今の時代は、それを阻害するものが多い印象ですか？

猪俣　それを邪魔するのは大人ということなんでしょう。子どもも他者との比較が入ってくると、ちょっと息苦しくなってきますよね。自分が楽しいと思えることや、楽しいと思えるプレーが自発的に、能動的に出てくることが大事で、よい選手のプレーを見て「やってみたい」とか「真似したい」とか思えるという好奇心が何より大切です。僕の世代なら、Jリーグが開幕してジーコさん（元鹿島アントラーズ）のFKをさんざん真似していました。なにしろ、強制されないことはすごく大事だと思います。

土屋　今は強制されない環境がなくなってきていますからね。

猪俣　そうですね。自由にサッカーできる場所がなくなってさているので、我々のようなサッカースクールが人気になってしまうのかもしれませんが（笑）、その中でもやっぱり自発的に出てくるものが大事ですね。それこそ練習を練習と思っていないというか、遊びだと感じるような感覚があると楽しめるのではないでしょうか。

大槻　それこそ中村敬斗（ランス／フランス）も子どものスクール中に、シュートをばんばん打っていましたからね（笑）。

猪俣　蹴っていましたね。「危ないよ」と言われながら（笑）。それは自由で大らかな気風の、三菱養和らしいギリギリのラインだと思います。ただ、公園での遊び方を考えても、子どもたちは危なくないように遊べますし、自分たちでフェアなルールを決めるものです。大人がそこに介入すると、だんだん大人基準のルールになってしまいます。こちらが「これができていないんだから、こうしなさい」と言ってしまうと、子どもはつまらなくなりますよね。

子どもに選択肢があるか

父親　今はやっぱり親の過干渉を以前より多く感じますか？

猪俣　多く感じます。もしかしたら、昔はもっと親も忙しかったから放任していたのかもしれませんね。子どもの数も多かったので、そこまで手をかけずに自由にさせていた面もあるのかもしれません。今は１人のお子さんに対しての情熱は高いぶん、「危なくないように」とか、そういう干渉は多いんじゃないかなと感じます。

大槻　社会の変化もありますよね。危ないから外で遊ばせなくなっているというか、外に行くんだったら習い事をやるというか。

猪俣　そういう傾向はありますね。我々も問題を問題にしないようなギリギリのラインというのを考えていて、そこは社会の縮図なのかなと（笑）。

大槻　たとえば高校生が練習をしている最中に小さなスクール生のミニゲームが始まると、「ボールが当たったらどうするの？」という考え方もあるわけですね。さすがに危ないと判断したら止めるケースもありましたが。

土屋　でも、それは三菱養和のグラウンドのよさでもありますからね。幼稚園生から高校生までが同じグラウンドでボールを蹴っているあの環境は、非常に魅力的です。

猪俣　確かに自由な環境というのは少なくなってきていますね。すべての自由がなくなったかというと、そこまでではないと思いますが、わかっていて自由にさせられるかという問題もあると思います。たとえば相馬勇紀（FC町田ゼルビア）は自由に育ったほうだと思いますね。

大槻　練習用具だけ置いて、2人でコーチ室からグラウンドをのぞいていたこともあったね。

猪俣　ありましたね（笑）。「ゴールを置いておくと、子どもたちはどうするか」と、実験のようなこともやっていました。なんでも大人で整理しがちですが、ゴールとゴールを向かい合わせて置いていたら、こちらが何かアクションを起こさなくても、ちゃんと子どもたちは試合を始めるんですよ。

父親　それは面白いですね。

猪俣　コーチがいない時間（自由な時間）に、どうなるかという「実験」ですよね。でも、ゴールを並べていたらちゃんとシュート練習が始まるんですよ。蹴っていい環境と、それに必要な物があれば、子どもは自主的に練習するんです。その環境のひとつが大人なので、「その時間はダメ」と言ってしまえば、それはダメになってしまいますし、そのグレーなところをいっているのが三菱養和っぽいのかなとは思いますね。

父親　大人が先回りしたり、用意したりしすぎているんでしょうね。

猪俣　そうだと思います。ただ、大人の介在が必要なこともあります。たとえばサッカーをやるにも場所を提供しないとできないので、そこは現状で仕方がない部分もあると思います。**選択肢があって、そこで決断を子どもがしているかが大事で**、親が全部決めてしまうと、どうしても受け身になってしまうじゃないですか。そういう子は増えてきていますし、ジュニアの小学生を見ていても「与えられに来ている」という子は多いですよね。

大切にしたい「目の輝き」

土屋　最近は「サッカーを習う」という言い方を聞くことが多くて、僕はそこに違和感を覚えているのですが、今はサッカーも習い事の一環という流れなのでしょうか。

猪俣　受け身の子は多いと思います。「教える」「教わる」という感じがあるんでしょうね。たとえば言葉の主体を考えたとき、「学ぶ」というのは参加者側に主導権があります。人から「習う」「受ける」ではなくて、自分で「学ぶ」。そういう意識は少ないんじゃないかなと思いますね。

父親　なるほど。「教わっている」という感覚ですかね。

猪俣　はい。「そうなんだ、そうなんだ」というのは一方的に受け取っているだけで、それは提供する側にも問題があるのかもしれませんが、「教える」＝「教わる」の関係のほうが多いのかなと思います。本当によくなる子はやっぱり主体的ですし、目が輝いています。これをこうやったらこうなっていくんじゃないかという大枠の中で、積極的なチャレンジがあったり、「ああ、確かにそのルールは言ってなかったよね」というところを突いてくる子がいれば、「それはオーケーでしょ！」とこちらがハッと気づかされますから。

父親　それは指導者の方の醍醐味の部分でもあるのでしょうか。

猪俣　まさにそうです。あとは狙いとしてこちらが隙間をつくるときもありますよ。見つけるということが大事なので、ヒントは言わないでやるのですが、それを超えてくる子もいますからね。1対1でもわざとデモンストレーションで「ここからパスして、そこから1対1だよ」と言ったら、「え？　これってそのままシュートを打っていいんでしょ？」という子はいいですよね。1対1と聞くと、どうしてもドリブルで抜いてというイメージがある中で、「ゴールすればいいんでしょ？」というちょっとひねくれた考え方ができるのは全然問題なくて、「ちゃんとゴールという最終地点に行けばいいんでしょ」と考えられる子は、目が輝いていますし、好奇心に満ちています。アイデアや意見を認めて、いつまでもキラキラした「目の輝き」を持ち続けてほしいと思います。

子どもはもともと主体性を持っている

父親　そういう主体性を持たせるために工夫されていることはありますか？

猪俣　もともと子どもはそういうものを持っているんだと思います。それをなくしているのが大人なのかなと。「発達」とか「発展」を意味する「ディベロップ（develop）」の言葉の語源を調べると、どうも「ある物を剥いでいく」というか、「包みを剥がす」みたいな意味があるらしいんです。そこは僕も思い違いをしていたところで、指導はどうしても付け加えていく作業、よくしていく作業みたいに思っていたのですが、もともと持っているものを剥いでいく過程をサポートするのが、我々のやるべきことなんじゃないかなって。

父親　どんな子どもにも、もともと持っているものがあるわけですよね。

主体性とディベロップ

指導は加えるのではなく、剥いでいく作業。develop
の語源はde（離す）とvelop（包む）で、「包みを離
す＝中を放って広げていく」という意味

猪俣　はい。もともと持っているものはみんなそれぞれ違って、それは関心につながるのですが、ドリブルが好きな子もいれば、パスが好きな子もいて、人それぞれに持っているものがあるというのが、「ディベロップ」という言葉のよいところですよね。やっぱり「好き」とか「得意」というものがあって、興味関心とも近しいものがあるからこそ、磨かれていくんじゃないかなと。そこに適切なタイミングで寄り添っていくことが、大人側には必要なんじゃないですかね。「それはダメ」ではなくて、そういう積極性を邪魔しないことで、子どもは伸びていくんじゃないかなと思います。

父親　「邪魔しない」というのは指導者にとっても難しいところですか？

猪俣　得意なものを伸ばす作業と、平均点に達していないものを埋めていく作業は、どちらも大事だと思うんですね。そこへの意味づけとして、「得意なことをやるためには、こっちも大切なんだよ」とか、「これができると、もっとこっちがよくなるんだよ」とか、大人の持っていき方は大事なんじゃないかなと思います。

父親　受け身の子にはどう接していけばいいですか？

猪俣　受け身の子は多いですが、その子も初めからそうだったんじゃないと思ったら、積極性が出るまでの階段は必ずどこかにあると思うので、そこは信じていたいですし、「これはやっていいんだ。じゃあこれもいいんだろうな」というふうに、小さな成功を積み重ねていくことは大事なんじゃないですかね。それこそ嫌いなものを食べることもそうですよ。「あ、1個食べたな」と思ったら、「よく食べたね」「頑張ろうとしていたね」と言ってみます（笑）。

大槻　そこは嫌いな食べものと向き合うというかね（笑）。

猪俣　そうです。結局サッカーも同じなんですよ。嫌いだとわかっているものに対して、どう取り組めるかというのは大事です。やっぱり大事なことって「めんどくさい」と思うようなことで、そこで「嫌いなものは残していいよ」と小さいころから言われすぎると、向き合わなくなりますよね。よくいう「コンフォートゾーン」「ラーニングゾーン」「パニックゾーン」とある中で、「パニックゾーン」で言えば、与えすぎるとパニックになるのかなと思いますし、「ラーニングゾーン」では違和感があるチャレンジが大事なので、そこを大人側がどう踏ませるかですよね。その小さな一歩から「学び」と「気づき」が生まれるということは、保護者の方々に言っています。

父親　興味深いお話ですね。「学び」と「気づき」というのは大事なんだろうなと思います。

コンフォートゾーン、ラーニングゾーン、パニックゾーン

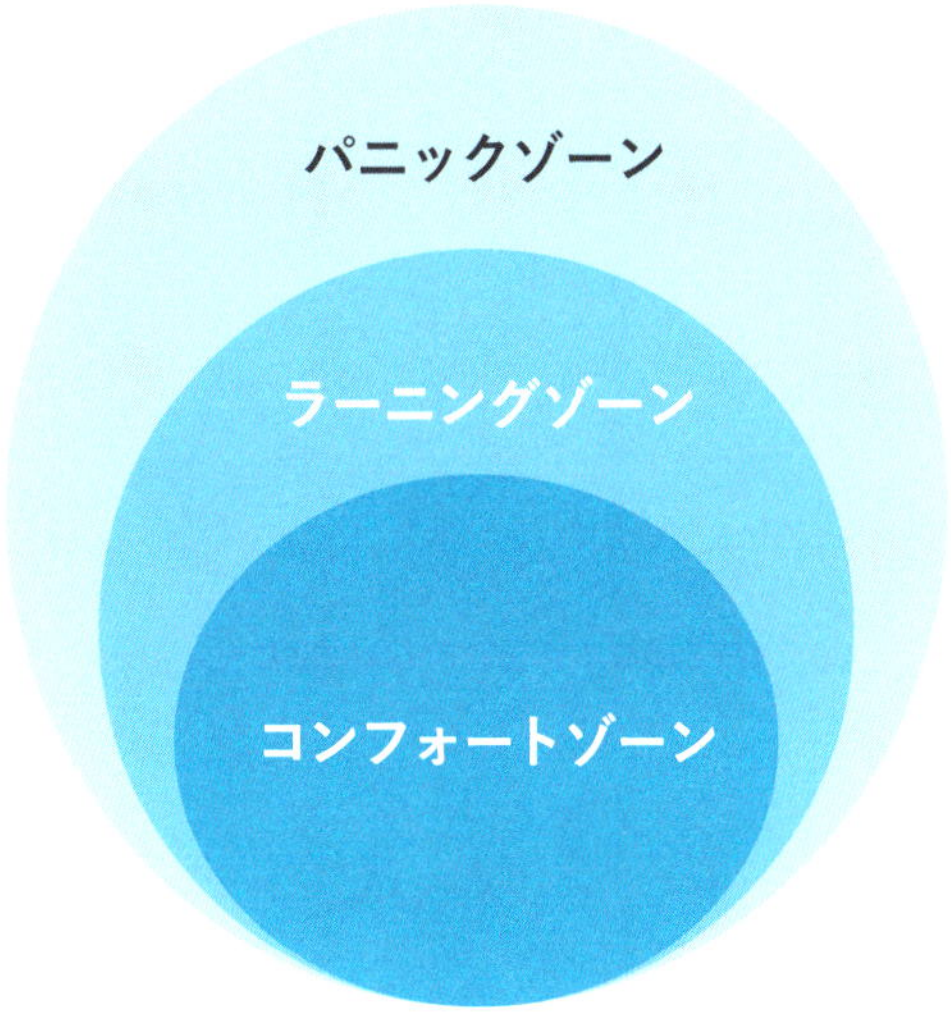

自分の持っている能力で処理できる領域がコンフォートゾーン。持っている能力に加えチャレンジしたり学んだりすることで処理できる領域がラーニングゾーン。何をどうしたらいいかわからない領域がパニックゾーン。成長するにはラーニングゾーンで物事を進めるのが最適といわれる

成長の4つのステップ

猪俣　成長には4つのステップがあるといわれます。必要なものをわかっていない段階が「ゼロステップ」、必要なものに気づいているけれど、なかなかできないのが「1つ目のステップ」、そして気づいていて、意識していればできるのが「2つ目のステップ」です。さらに、それを続けていると「3つ目のステップ」で、無意識にできるようになるんですよ。「それを『よい習慣』って言うんだよ」とは小学生にも話しています。

父親　その4つのステップのお話は興味深いです。

猪俣　一番大変な段階は「1つ目のステップ」なんです。それが大切なものだと気づいちゃったと（笑）。「でも、自分はできないからダメなんだ」と気づくタイミングが一番つらいんです。「僕にはできないことがたくさんある」「強い相手と対戦したらこれだけやられてしまった」ということに気づいて、残念な気持ちになると。そういう子には「でもね、それが成長の一歩目だから」と。「気づいちゃったでしょ。次は行動するだけだから」って言いますね。

土屋　「気づいちゃった」という表現、いいですね。

猪俣　ここで面白いのは一番最初のステップと、一番最後のステップは、どちらも「意識していないゾーン（無意識）」だということで、そこから目を離してしまうのか、意識し続けてできるようになるところまで行くのか。習慣にするまでは、大変な道のりなんだよと言いたいです。難しいんですよ。

父親　気づいちゃったら、もう後戻りできないと（笑）。

猪俣　気づいちゃったら、そこはもう成長するための階段を一段上がっているので、「気づけるってすごいんだよ」とは子どもたちに言いますね。そこで次の行動は、自分でその階段を上るのか、それとも知らなかったことにして降りるのかです（笑）。僕は指導者としてそれを突きつけなくてはいけませんが、その決断については何も言いません。実際の成長には、一歩目の次に、まだ二歩目も三歩目もあるのですが、それは一緒に進んでいこうねと。

父親　その成長のステップの階段に気づいたようなタイミングで、親が考えるべきことはどういうことだと思いますか？

猪俣　やっぱり干渉しすぎないことですよね。三菱養和でも最終的な目標は「自立していくこと」だと思っていて、自立の定義は人によってそれぞれあるとは思うのです

成長の4つのステップ

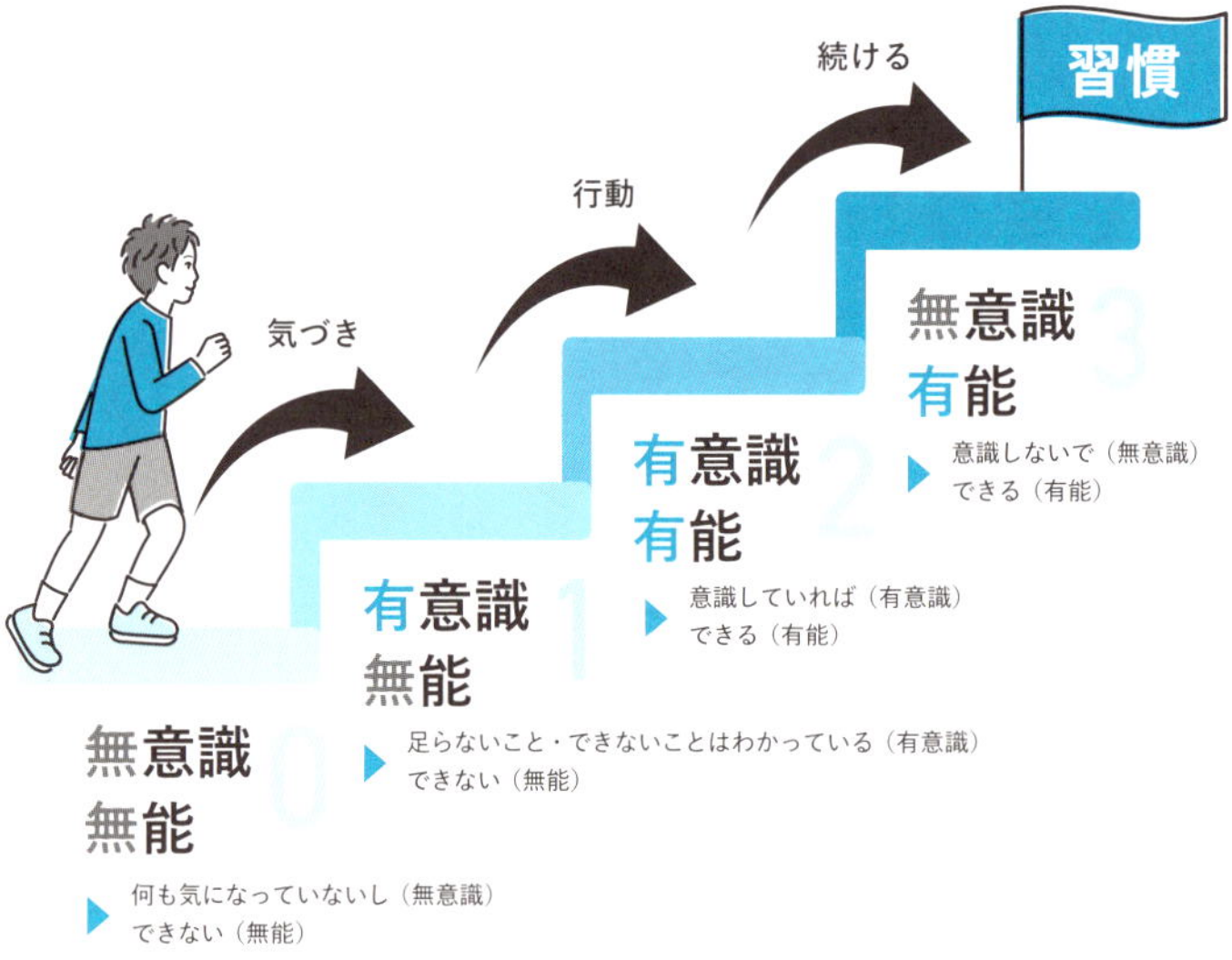

ポイントは無意識領域が最下位と最上位にあること。目を背けてしまっても無意識。習慣になったら無意識。そこへ行くためには意識を持ち続けることが大切。まずは有意識の状態でいたいものだ。他者からの「気づき」も大事だが、自分で気づくことが多いといい

が、親御さんには「安心して死ねるか」と言っています。なんとなくわかります（笑）？

父親　はい、なんとなくは（笑）。

子どもの自立には「手をかける」から「目をかける」へ

猪俣　「自立する」というのは、１人で生きていけるというか、自分のことは最低限自分でできるということで、頼れる人がいるとか、助けてくれる人がいるとか、それが親として見えたら安心して死ねるじゃないですか（笑）。「ああ、もうこの子は１人で生きていけるな」と。親が無条件に助けなくても、道に迷ったときには人の手を借りられるし、困ったときには仲間が助けてくれるんだと思えるようになればいいかなと。その一歩として親は、もちろん年代にもよるとは思いますが、『手をかける』ところから『目をかける』フェーズに移行するというか、『手は出さないけど、見てるよ』というところにはいてくださいね」とは思います。

土屋　「手をかける」と「目をかける」の移行というのはわかりやすい視点ですね。

猪俣　関心がないというわけではなく、要は「見守る」ということですよね。たとえば面談をしたときに、親御さんが「ちょっと子どもにべったり関わっているっぽいな」

と思ったら、「一気にじゃなくて、ちょっとずつでいいので、10回そういう機会があったら、1回ずつ少なくしていくことを、一緒に協力してやっていきましょうね。こちらもちゃんとコミュニケーションは取るので」と。どうしても保護者は、自分と子どもは同じところにいて、クラブとの間に線を引きがちだと思うんですね。でも、「そうじゃないんですよ。我々も仲間なんですよ」という姿勢でいたいですよね。

父親　みんな考えていることは同じですよと。

猪俣　もちろんそれで問い合わせが増えることはありますが、そのときでも「こっちは大丈夫ですよ」「こんな感じですよ」と伝えます。やっぱり複数の目で、いろいろな角度から選手を見ていかないと、本当のところはわからないですし、こちらで共有したものは、親御さんとも共有します。我々が彼らを預かれるのは、たかだか2時間ぐらいです。だからこそ、ほかの22時間の過ごし方がとても大事だと思います。

「サッカーやりすぎ問題」を考える

父親　今はスクールの掛け持ちも多いと聞きますが、やっぱり子どもたちもサッカーをやりすぎている感じでしょうか？

猪俣　その「サッカーやりすぎ問題」はかなり多いと思います。それこそ親が介在している末路というか、「やりたい」と「やらせたい」をコントロールできないんですね。調布のスクール無料体験に来た方で、「これで三菱養和さんに入ると、平日は５日間全部スクールでサッカーできるんです」と言う親御さんがいて、僕は「じゃあ、うちはやめたほうがいいですよ」と言いました（笑）。そういう親御さんは少なくないと思いますね。やらせたらやらせただけの成果は、短期的な面においては出ると思うんですよ。「うまくなっちゃう」というか。でも、失うものも多いという長期的な視点には、なかなか立てないんですよね。

父親　どうしても今の成果にフォーカスしがちですよね。

猪俣　でも、やりすぎると体がおかしくなってしまうこともありますし、その年代にしか経験できないこと、たとえば友だちと遊ぶとか、親御さんとの時間を過ごすとか、その先でサッカーを続けていけば、そういうことができなくなっていく未来があるので、今の時期を温められない気がしています。三菱養和の選手クラスが平日は週３日まで、土日もどちらか１回で１週間に４回、ということにこだわっている理由はそういうところですよ。親御さんにも「入ってきたタイミングでは、今までよりサッカーをする時間は減ると思いますけど、これで大丈夫です」と説明します。

父親　三菱養和みたいなクラブでも、それぐらいの練習回数なんですね。

猪俣　小学生の選手クラスでも週に4回程度なので、小学校低学年であれば、サッカーは週に2回で十分です。何事にも好奇心が強い時期ですし、脳科学的にもプルーニング（synaptic pruning）が進行していきます。使わない機能は削ぎ落とされて効率化されていく機能です。脳の可塑性（柔軟性）が高いこの時期ではほかのスポーツや、家族との時間を楽しんでもらいたいと思います。「あと何回寝たらサッカーなんだ」という感覚を、「サッカーは楽しみなものであり、ごほうびだ」という感覚を大事にしたいんです。僕は「サッカーが歯磨きと一緒になってはダメですよね」と言うのですが、当たり前に毎日するものになってしまっては、楽しめるものも楽しめなくなってしまいます。やっぱりサッカーは「楽しむもの」という位置にあってほしいですよね。

土屋　「あと何回寝たら」というのは、お正月の歌みたいでいいですね（笑）。

猪俣　たとえば幼稚園生の子の親御さんが、「うちの子が『あと何回寝たらサッカーの日？』って言うんです」と言ってくれたら、「ああ、よしよし」と思いますよね。その段階にきたら、もう楽しんでくれているので、そこからはよくなっていくしかないじゃないですか。たぶんスクールに来ていない日でも、サッカーボールを家で蹴って怒られているでしょうし（笑）、公園に行ったらサッカーをやっているでしょうし、強制されない環境の中でうまくなっていく素養ができているんだと思うんですよ。

父親　それはサッカーを自主的に楽しんでいることですからね。

猪俣　そうなんです。それがサッカーじゃなくてもいいじゃないですか。その子の素養のあるもので、ほかの選択肢があれば、僕は「そっちに行ってこい」と言ってあげたいです。それは『サッカーを始めたら』という本で言うことではないかもしれませんが（笑）、そう思うに至ったのは、うちのスクールに来ていた小学校1年生ぐらいの子の例があるからです。親御さんが「この子はダンスが好きなんです」と言うので、「それはダンスをやったほうがいいんじゃないですか？」という話をして、結局その子は三菱養和をやめて、そちらの道に行ったんですね。そうしたらしばらくしてその親御さんから電話があり、「猪俣コーチに伝えてほしいんですけど」という話の内容を聞いたら、その子は有名な曲のミュージックビデオで踊っていたんです。そこから今は俳優になって、ドラマにも出ていますよ。

父親　その親御さんからすれば、猪俣さんが自分の子に道を示してくれたという感じなんですかね。

猪俣　そこは「本人の好き」を突き詰めたということだと思うのですが、あのままサッカーを続けていたら、ああはなっていなかったかもしれないですし、サッカーを始めたとしても、常にサッカー以外のことにも可能性はあるわけで、今あることがすべてではないんですよね。もちろん絵を描くのが好きな子がサッカーをやっていてもいいですし、そこで親の変なモノサシで、子どもが好きなことをできなくなることだけは避けてほしいなと思いますよね。

幼稚園児の指導、小学生の指導

父親 たとえば幼稚園児に対しては、どういうイメージで指導されていますか？

猪俣 年齢別の指導法を話すと膨大な量になるので別の機会にしたいのですが（笑）、基本的なスタンスとして、「楽しい雰囲気」で指導をしたいなと思います。海外の指導書の中にはコーチの資質として「ＣＯＡＣＨ」の頭文字をとってComprehension（理解力）、Outlook（前途の見通し）、Affection（愛情）、Character（性格・人間性）、最後にHumor（ユーモア）が挙げられているんです。私は最後にユーモアと言っているところがとても好きで、大切だと思っています。子どもが緊張していたら楽しむことはできないし、安心してサッカーをプレーしてほしい。だから「笑顔」をしっかり出して自分自身も楽しみながら指導したいと思っています。幼稚園児の指導では、「一緒に」というのもキーワードかもしれません。「認められたい」「ほめられたい」「見てほしい」の連続ですから、その気持ちに一緒にプレーしながら応えてあげると意欲を高めることにつながるし、「またやってみよう！」という自主性にもつながります。

父親　年齢で言うと5〜6歳ぐらいまでのトレーニングですね。

猪俣　身体的にも精神的にも個人差がありますから、年齢で区切ることがすべて正しいとも言い切れないかなと思います。相馬勇紀は体の成長は早かったですが、心は幼いというかピュアというか、とても負けず嫌いで、小さいころは自分の水筒を倒されただけで泣いていたこともありました（笑）。大切なのは目の前の子どもたちを見て、日々その変化を見守ることかなと思います。

父親　小学生の指導はいかがでしょうか。

猪俣　一言で小学生といってもかなり年代に差がありますよね。

大槻　精神的な成長度合いとひもづいてきますよね。他者との関わりの中で、周りを意識しながらやっていくことも大事になっていくわけで。

猪俣　幼児期では大人の価値観を欲していたところから、少しずつ自分の価値観を持っていく時代なんだと思います。だから、何においても基準を示すようにしています。「あいさつは大きな声でしようね！」「困っている人がいたら助けようね！」といった

成長による自分と他者の認識の変化

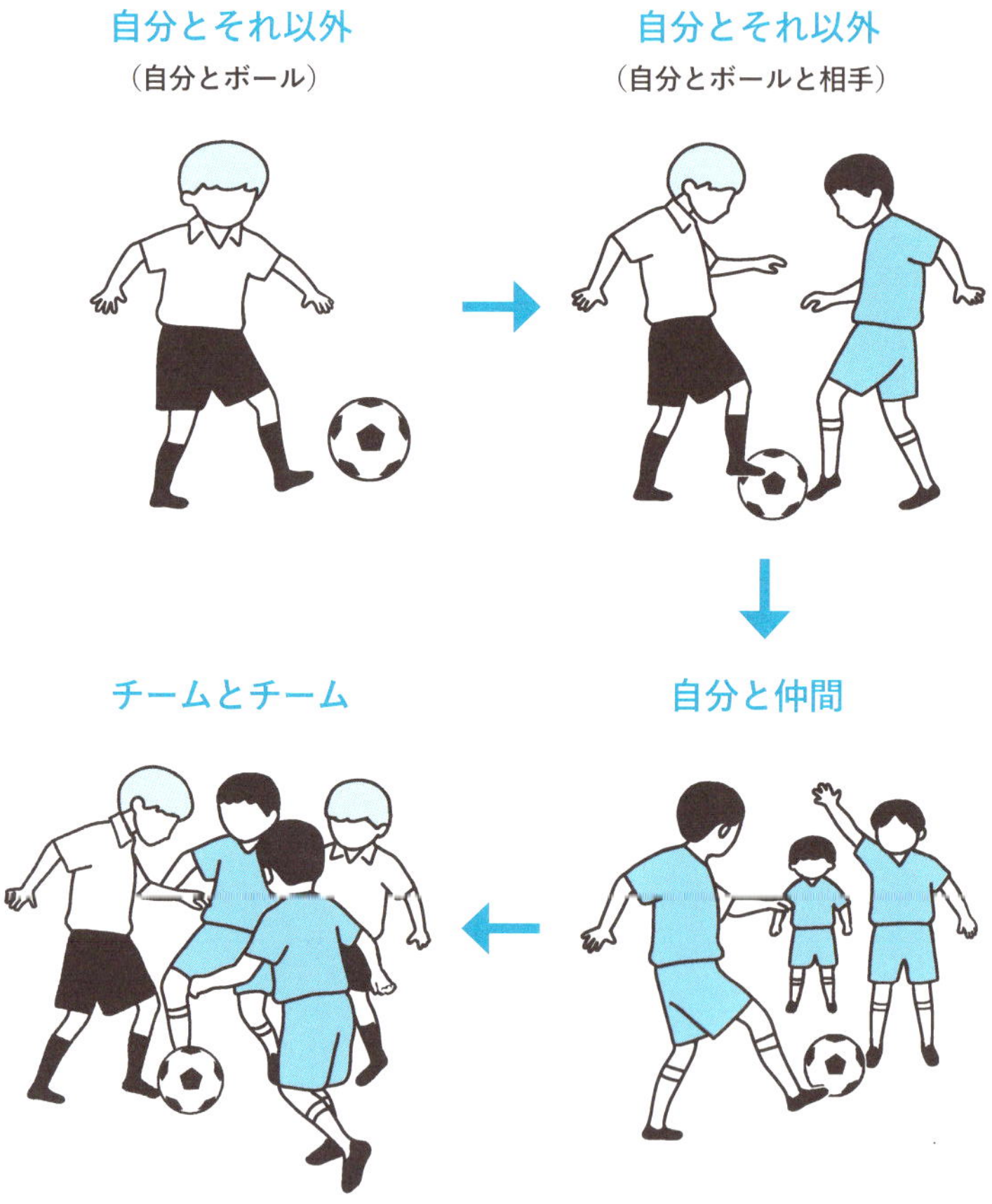

参考『JFAキッズ（U-6）指導ガイドライン』

感じで。小学生になると公平性という概念も少し出てきて、「みんなこうやっているのにアイツはずるい！」という話になります。そんな時期を経て世界がどんどん広がっていく感じがします。幼稚園児の認識はまだ「自分とそれ以外」だと思うんですね。そこから仲間という認識が出てきて、「自分たちと相手」となり、最終的には「チーム対チーム」の概念になっていく。その中で自分ができることを把握して、他者との比較が出てくるのがだいたい小学校3年生か4年生ぐらいです。

父親　チーム分けで、もめるのを見たことがあります（笑）。

猪俣　そうですね。自分たちでチームを決めさせることもありますが、強いチームができていると「それはさすがにずるい！」と言って子どもたちで一定の公平性を保とうとする雰囲気もあります。5、6年生になれば、コーチから見ても「一見難しい結果になりそうだな」というチームでもなんとかして勝とうとする。顔を真っ赤にさせながらプレーしている子を見ると本当に応援したくなっちゃいますよね（笑）。そんなふうに、自分たちで工夫したりアイデアを出したりすることがサッカーの楽しさでもありますから、すべてを大人の価値観で動かすのではなく、たまには託すというか任せることが、子どもの自主性を育むうえでもとても大切だと思います。

声のかけ方、ほめ方

大槻　そういう階段をちゃんと上らせることは大事ですよね。そこに対するコーチの声かけも含めて。

猪俣　大人でもここの一線は越えてはいけない表現というのはありますよ。たとえば容姿についての発言です。それに対して笑っちゃうコーチがいたとしたら、それは問題じゃないですか。ほかにも「へたくそ!」と言った子がいたら、「それは言い換えたら、どういう言葉があるの?」と言ってみます。「あとから言うのは文句だけど、先に『もうちょっとこっちに来ておいて』とか『こっちから来てるよ』みたいに言えば解決できたんじゃない?」と話すような関わりが、その子だけではなくてみんなに共有されていくと、いい集団になっていくと思うんです。そういう集団を意識できるようになってくるのが小学校3年生や4年生ぐらいで、「そういうのはカッコ悪いよね」という話をすると、「ああ、そうだよな」と吸収していく。その積み重ねですよね。

大槻　そこで準備や片づけに対しても、「さすがだね」なんてほめながらやると、そういう積み重ねがある子はカテゴリーが進んでいっても心配ないんですよ。

猪俣　低学年の子は、注意するよりもいい子を目立たせていくことのほうが大事ですね。「早く集まれた子は金メダル！」と言うと、みんなブアーッと走ってくるんですよ（笑）。「早くしろ！」と言うよりも、「すごい！　早っ！」みたいに言ったほうが、そのあとも「キャー！」と走ってくるんです。この年代の子は、こちらの価値観で動く「他律期」にありますから、その時期をうまく使うイメージですね。こちらの価値観で「いいこと」ならば、子どもにとっても「いいこと」になります。「僕ももっとほめられたい」「私ももっとやりたい」と。「〇〇くん、片づけてくれてありがとう」と言うと、「オレも！」「オレも！」と片づけてくれるんですよ。「助かるよ！　今度からコーチって呼んでいい？」とか（笑）。

土屋　もうそこは指導者の言葉のチョイスのセンスですね。

猪俣　「楽しい」「好き」というのは大事にしてあげたいです。「サッカーが楽しい」にもいくつも道があって、サッカーそのものが楽しくなっていく子もいると思いますし、「コーチたちに会いたい」「ここに来る仲間と会いたい」ということで、サッカーを好きになっていく子もいるでしょうし、特に小さい子たちにコーチを好きになってもらえれば、親御さんも安心して預けてくれるので、我々の言葉も子どもに通りやすくなって、親御さんも受け取ってくれるという形になっていくと思います。

子どもの成長
もっとほめられたい
ぼくもやりたい
自律期
自分の
価値観で動く
他律期
大人の価値観で動く
結果より過程に目を向けて
感謝の気持ちを伝える
ほめて、いい子を目立たせる

父親　言葉のチョイスが大事というのは、親にも言えますね。

猪俣　「他律期」のことで言うと、お子さんは家でも「ほめてほしい」と思っているはずですし、結果よりも過程が大事です。家で片づけをしていて何かをこぼしてしまったときにも、「なんでこぼしちゃったの？」ではなくて、「片づけてくれようとしてありがとう。これだけ気をつけてね」と言ってみるとか。まあそんなことが毎回できるわけはないとは思いながら（笑）、やろうとしてくれたことに感謝するような感覚で僕らは指導していますし、どうしても結果しか見えないと思うのですが、「頑張ろう」「やろう」という子の下支えをしていって、よいヒントをあげていく。それが親御さんと僕ら指導者にできることで、感謝とヒントによって、子どもが好きになっていくスピードを、より加速させていくことになるのかなと思います。

父親　できていることとやれていることに、より目を向けていくということですか？

猪俣　そうですね。やれていなくても、やろうとしていることが素晴らしいじゃないですか。方法論が間違っていれば、答えを与えるのではなくて、「こっちもあるよ」「そっちもあるよ」「こういう選手のプレーを見てみたら」と選択肢を提示する。それを適切なタイミングで、子どもが欲しているときにスッと差し出せれば、大人としては最高ですよね。

受け取ってもらえる言葉を投げていく

父親　それぞれの子どもの性格によってもアプローチは変えていくわけですよね？

猪俣　はい。たとえば負けん気の強い子と、「これはできないでしょ？」「やれるよ！」と会話して、実際にできたら「降参、参った！」と言う。それだけで、喜びます（笑）。適切なタイミングで適切な設定を持ってこられるかは、大人の腕の見せ所です。同じ言葉でも、こう捉えてもらって、こうなってほしいというイメージがあって、そこに近づけるようにするのが最終目標です。とはいえ大人が見たものの印象で言って、違う受け取り方をされてしまうと、最終的にそこには行きません。受け取ってくれるような言葉をちゃんと投げていく必要がありますし、そういう関係であるというのも大事だと思います。

大槻　子どもが受け取るタイミングも重要ですよね。

猪俣　はい。その場で動画を見てわかる子もいれば、その場より次の日に言ったほうがいい子もいる。フィードバックに対して即座に受け取れる子もいれば、そうでない子もいる。それが個別性を考えるということなのかなと感じます。

あいさつが大事な理由

猪俣　個別性については、小林伸二さん（栃木ＳＣ監督）に「結果を出すには何が大事ですか？」と聞いたときの答えが忘れられません。「サッカーだからグラウンドだよね。グラウンドということは選手だから、あいさつだな」と言ったのですが、深すぎて（笑）。あいさつして目が合わないとか声が小さいとかで、「何か様子がおかしい」と思ったら、それは間違いないと。そこで選手にどうアプローチするかを考えて、自分が行くべきときは行くし、仲のいい選手に聞いたほうがいいときは聞く。スタッフが行ったほうがいいときにはスタッフが行く。だからあいさつだ、とおっしゃるんです。

土屋　深いですねえ。

猪俣　やっぱりどこまでいっても個別性は大事です。はっきり言って答えはありません。一般的にはこうだけれど、結局この本を読んでくれるおとうさんやおかあさんにも、「ここに書いてあることが正解じゃありません」というのが前提だとは伝えたいです。「これがいいと書いてあったからこうしよう」ではなくて、一人ひとりに合った解決策というか、導き方があって、それを考えていくことが正解だと思います。

第2章の習慣（まとめ）

9 サッカーは楽しいと思って
やることが何より大事。『努力より夢中』

10 自発的な決断を促すには、
「選択肢」を与える。
「目の輝き」を持ち続けられるように

11 『手をかける』から『目をかける』への
移行が、子どもの自立を促す

12 子どもにはいろいろな可能性がある。
今、目の前にあることがすべてではない

13 小学校低学年のころは、注意するよりも
いい子を目立たせること

14 大人の感謝とヒントで、子どもの
「好きになる」スピードはより加速する

15 大人は、選択肢を子どもが欲しいときに
タイミングよく差し出せる準備を整える

16 今は個別性の時代。一人ひとりに合った
解決策や導き方を個別に考えていく

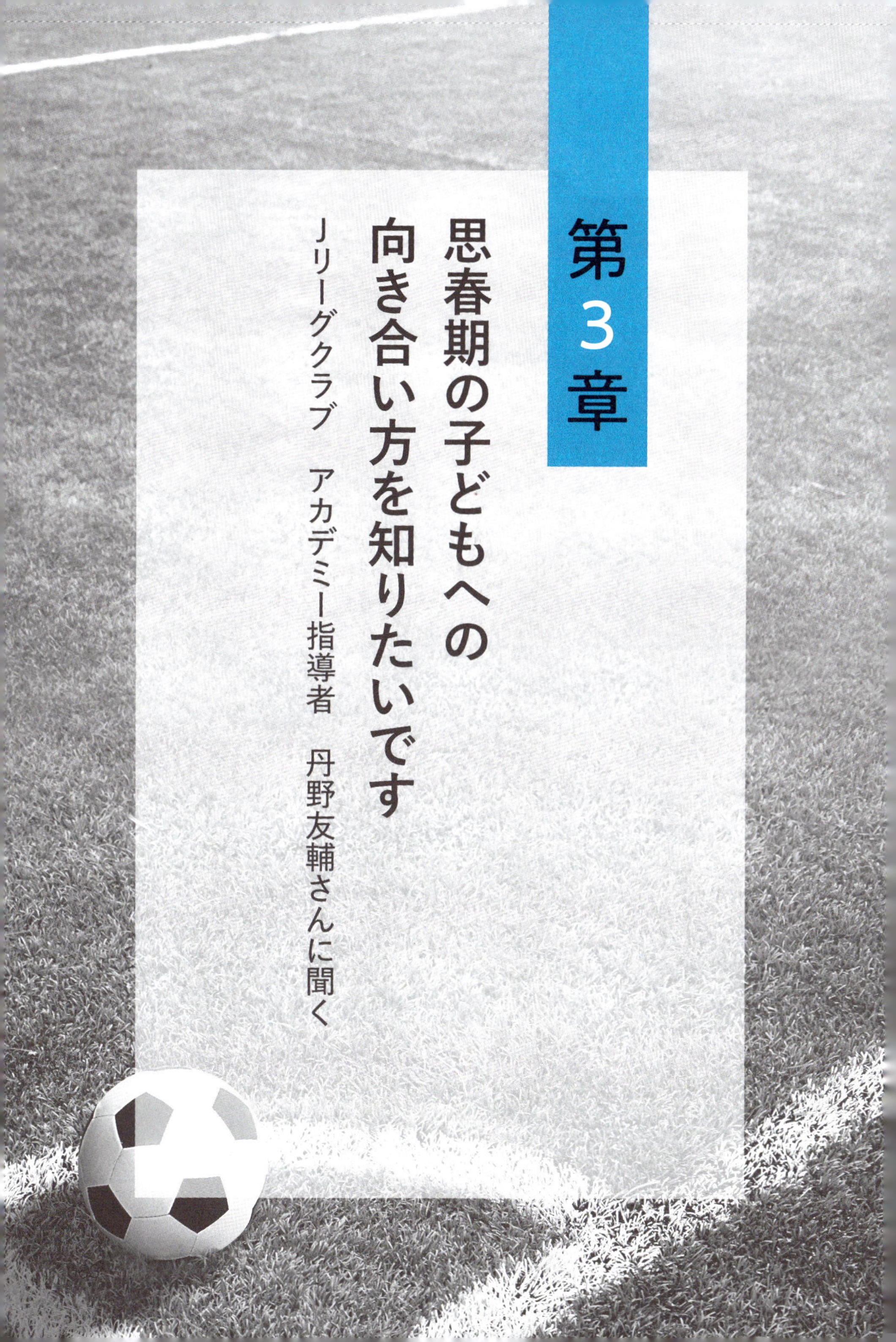

第3章

思春期の子どもへの向き合い方を知りたいです

Jリーグクラブ　アカデミー指導者　丹野友輔さんに聞く

猪俣さんは「サッカー哲学者」のような人だった。飄々とした柔和な雰囲気から、クリティカルなフレーズが次々と飛び出す。あんなコーチなら子どもが主体的に、楽しくボールを追うことができるだろう。主に小学生年代に対する指導法を伺って、次は思春期に差しかかる中学生の選手とどう向き合うかが、テーマとして挙がった。実際に大槻さんは水戸ホーリーホックで中学年代を指導しているし、友人の息子さんも来年から中学生になる。テーマが決まると私の中ではすぐに取材候補が思い浮かんだ。大宮アルディージャU-18の指揮を執る丹野友輔監督。もともとJリーガーだったものの、現役引退後は21歳で指導者に転身したので、すでに20年近い指導キャリアを誇る。しかも猪俣さん同様に小学生、中学生、高校生と多くのカテゴリーを担当しており、プロサッカー選手を目指す若者を時に優しく、時に厳しく指導してきた。

丹野さんには年代別の日本代表にも選ばれている高校3年生の息子さんがいる。しかも2人は今、監督と選手として同じチームで戦っているのだ。かなり珍しいシチュエーションだと思うが、この人だったら指導者として、さらにサッカーをする子どもを持つ親として、思春期の選手との関わり方を多角的に話してくれる確信があった。

Jクラブのユース監督にお話を聞ける機会なんて、そうあることではない。取材場所のクラブハウスを訪れた友人は、すっかりテンションが上がっている……。

日常で大切なこと

土屋　丹野さんはＪリーグクラブのアカデミーを長年指導されていらっしゃいますが、まずサッカー以外の部分では、どんなことを大切に指導されているかをお伺いしたいです。

丹野　小学生のときは本当に基本のところですね。「あいさつをしっかりする」、「ルールを守る」、「時間を守る」、「荷物を整理整頓する」、「ボールを大切にする」など、基本的なところにフォーカスしています。ただ、ロボットのようにはしたくないので、保護者との関わりも考えながら、お互いにちゃんとコミュニケーションを取ることは考えています。

父親　本当に基本的なところから始められるのですね。

丹野　はい。ジュニア年代ではまずはそこをやりながら、中学生になると思春期にも入ってきて、そういうことがカッコ悪いみたいになっていくのですが、それでもしっかりやらせるようにしています。ジュニアユース年代は、やはり保護者とも関わりながら、少しずつ本人にいろいろなことをやらせていく中で、自分で「報連相」もしっ

育成年代に身につけたいこと

小学生
（ジュニア）

日常の基本

（あいさつ、時間を守る、
整理整頓など）

中学生
（ジュニアユース）

「報連相」

（報告、連絡、相談の徹底）

高校生
（ユース）

自立

（自分で考えて行動する）

かりできるようにしていきます。中学生なのでもちろん完璧にはできませんが、「今日練習できません」と急にグラウンドに来て言う子がいた場合には、「コーチもグラウンドに来て練習を考えているわけじゃないから、わかった時点でちゃんと連絡してほしい」と伝えます。そういう形でジュニアユース年代は指導して、最後にユース年代で「自立」というところに持っていくのが、基本的な自分の考える育成年代の流れですね。

保護者と指導者の関わり方

父親　小学生年代での保護者との関わり方はいかがですか？

丹野　息子がサッカーをやっているので、一番近くにいる保護者は自分の奥さんになるのですが、自分が親になって、子どもがサッカーを始めたタイミングで、少し難しいことがありました。要は指導者目線と親目線が出てくるんですね。僕は指導者でもありますし、親でもあるのですが、奥さんは指導者ではないので、親目線で話を持ってくるわけですよね。「そうじゃないんだよな……」とか思いながら（笑）、話を合わせないといけないところもありますし、「指導者としてはこうだよね」ということも言いながら、ですね。一方で僕も指導者として、奥さんに「オレはこう思っているんだけど、保護者目線でどう思う?」と聞くこともありますし、「こうじゃないの?」「だよね」とか(笑)。そういう奥さんとのコミュニケーションはありますね。

大槻　お子さんがサッカーを始めて、ご自身も保護者になったことで、自分のチームの保護者との関係性にも変化は出てきましたか?

丹野　いえ、そこまでは変わっていないと思います。ただ、子どもがゲームに関わるか関わらないかも出てくるので、そういうときに「ああ、こういう心理状況なんだな」ということはわかるようになったかもしれません。実は自分の息子もアルディージャのジュニアのセレクションに2回落ちているんですよ。それで「もっとうまくなりたい」と思って、そこから頑張って、ジュニアユースのセレクションに合格したんですね。でも、やっぱり案の定レベルの高い子が集まってきますし、うちの子は県トレセンにも選ばれないぐらいだったので、最初はついていくのに必死で、試合にもあまり出られなかったんです。そんなときに奥さんが「今日遠くまで見に行ったんだけど、3分ぐらいしか出られなかったよ」と言うのを聞いて、「ああ、そうだよな。3分ぐらいしか出られなかったら、親はそう思うよな」と感じつつも、指導者目線で言えば「そもそもこういうことを経験するために、このレベルのチームにきたんじゃないのかな？」とも思うわけです。「苦しい状況に置かれて、ここからどうするかがすごく大事なんじゃないか」と。親目線と指導者目線は違うということを互いに理解することは大事だと思いますね。

大槻　そこは難しい会話ですよね（笑）。僕は結構、保護者と話すようにしています。忖度抜きで悪いところも指摘しながら、「でも、こういういいところもあるんですよ」とコミュニケーションを取っていますね。

丹野　ジュニア年代のころは特に、子どもに対する保護者と指導者の関わりがすごく大事だと思うので、僕は保護者と選手と一緒にバーベキューもやりましたね。それこそトップに上がった大澤朋也（大宮アルディージャ）とか、今度アルディージャに帰ってくる中山昂大（東洋大）とか福井啓太（筑波大）とか、あの世代の保護者とは夏にバーベキューをやりました。今は少なくなっていると思うのですが、以前は大会が終わったら祝勝会みたいなものがあって、お酒が入ると普段言えないようなことを保護者の方が話してくれて、その話を聞くこともありました。ジュニア年代の指導をしていたときはそういうことをやっていましたね。

父親　長く育成年代の指導に携わられてきた中で、保護者の方の傾向は変わってきているところもありますか？

丹野　ご自身がサッカーをされていた親御さんがより増えて、熱心にサッカーに関わる方が多いなとは思いますね。それはよい部分もありますし、悪い部分もあるなと思っています。それこそ指導者が言っていることと、おとうさんが言っていることが真逆だったら、子どもは「どっちなの？」となってしまいますよね。たとえば試合の中でドリブルしすぎてしまったときに、「なんでそこは判断しないの？」と思う一方で、『もっとドリブルしろ』と言われているのかな……」と思うこともあります。そういう弊害を感じることがありますし、あとは親御さんが「熱心すぎる」のも気になります。サポートであればいいのですが、中に入りすぎてしまって「それはちょっとどうかな……」と思うことはありますね。

父親　自分も少し思い当たる節があります……。親も子どものことを考えてそうなってしまうわけで、なかなかそこに気づかないですよね。

丹野　やっぱり保護者と指導者で話すことが必要かなと思います。保護者も子どもによくなってほしいわけで、もちろん指導者もよくなってほしくて、お互いにそういう思いがあるのに、子どもがよい方向にいかなかったら、結局お互いの目的が達成できません。そこでお互いの考え方をすり合わせて、そのために何をすることが必要なのかもすり合わせれば、「保護者としてはこういうことが必要ですよね」「指導者としてはこういうことが必要ですよね」という、子どもにとって一番よいものを提供できるのかなとは思います。

22時間をどう過ごすか考える

土屋　指導者がどこまで立ち入るかは難しいところですよね。

大槻　宿泊を伴う合宿になると、「ゴハン食べない問題」も出てきます。

丹野　そういうことも含めて、たとえば保護者向けに栄養講習会をやるなど、保護者にもアプローチしていくことは大事だと思っています。ジュニア年代の子どもたちは家か学校にいる時間が長くて、練習場には2時間ぐらいしかいません。ほかの22時間で何をするかが、基本的にはその子の基盤になるわけですよね。その基盤になっているものがピッチに現れると思います。生活習慣も含めて、すべてのことが。

父親　それはこの間お話を伺った猪俣（孝一郎）コーチもおっしゃっていました。

丹野　22時間をどう過ごすのかは保護者と選手に考えてほしいですし、そこに指導者がどう関わって、対応していくかもすごく大事ですね。だんだんカテゴリーが上がるにつれて、選手は22時間の中でも保護者との関わりが少なくなり、プロになったら「自

22時間の過ごし方を考える

分で22時間をどうデザインしていくの？」となります。結局プロになってもその時間配分は変わらないですし、一方で22時間の使い方はより大事になってくるわけで、だからこそ最初のジュニア年代の段階で、指導者のアプローチを活用しながら、保護者が意識して子どもと向き合うことは必要だと思います。

父親　指導者のアプローチとはどんなものになりますか？

丹野　僕らに何ができるかと言ったら、合宿などで選手にいろいろなことを促すことです。それで選手に「オレはもっとこうなりたい」、「もっとゴハンを食べられるようになりたい」などと思ってもらえたら、家に持ち帰って実践してもらって、また新たな成長につながっていくのかなと。やっぱり指導者の影響もより強い年代なので、言葉の選び方には気をつけながら、保護者と指導者が一緒にやっていくことが大事なのかなと思いますね。

「ダメなものはダメ」と逃げずに言う

土屋　ジュニアユースからユースに差しかかるころだと、「思春期」「移動時間」「勉強」という3つの問題が大きいのかなと思っていますが、そのあたりのアプローチはいかがですか?

丹野　ジュニアユース年代は一番大変だと思います。その中で今おっしゃった問題は大きいですね。これを全部解決するために何が一番いいかなと思うと、Jクラブのアカデミーで働いている僕が言うのもあれですけど、やっぱり中学校で部活をするのが一番いいんですよ（笑）。学校で勉強して、終わって移動もなく練習できて、家に帰って食事もとれて、勉強の時間も確保できて、睡眠の時間も確保できますと。自分は中体連に所属していたので「理に適ったことをやっていたんだな」と思います。それこそJクラブが学校をつくってしまって、みんなでスクールバスで移動するというのも、効率的なやり方かなと思いますし、ヨーロッパではそうしているところもあるようです。やっぱり中学生は休息の時間が圧倒的に少ないと思います。

父親　少し自我も出てきた中学生へのアプローチもかなり難しいですよね。

丹野　そこに関しては、僕ははっきり言いますね。もともと中2は一番難しいと聞いていたのですが、実際に担当してみて、最初はやっぱりピッチの内外で足りないものがたくさんありました。そういう子に対しては、ズバッと「ダメなものはダメだ」と言いましたね。そこで選手とぶつかるかもしれませんが、そこから大人が逃げていたら、子どもは変わっていかないだろうなと。僕の経験上なのですが、中学生のころの指導者に言われたことは、なぜか頭の中にずっと残っているんですよ。

父親　それはわかる気がします。僕も中学生のころに言われたことで、今も覚えていることは多いですね。

丹野　やっぱりそのころに自我も少し芽生え始めてきますし、思春期ということもあったのか、「ダメなものはダメだ」とはっきり、ちゃんと言ってもらえた経験が自分の中にあったので、選手がふてくされようが何しようが「ダメなものはダメだ」と自分も言います。それこそ今のユースにいる高１の代の子たちは、彼らが中２のときに見ていたのですが、練習に身が入っていないようなときは、雷が落ちるぐらいの勢いで怒ったことがあります（笑）。

土屋　温厚な丹野さんも怒ることがあるんですね。

丹野　あります、あります。やる気がなさそうにプレーしている子がいて、自分の中で「マジで怒る５秒前だぞ」と思いながら（笑）、「はい、きた！」と。僕らの練習会場はちょっと照明が暗いのですが、「ボールが黒くて、暗くて、見えないです……」と言うので、「じゃあボールを磨けばいいだろ。なんで磨かないの？」と言いながら、バーンと怒りましたね。そこで僕が言いたかったのは、「練習しているのはあなただけじゃないんだよ」ということなのです。「ほかの選手も練習しているのに、あなたがそうやって適当にやっていたら、ほかの選手はどう思うんだ？」と。

父親 親としても、子どもへの声のかけ方は参考になります。

丹野 ほかにもありましたよ。「なんでソックスを下げて練習しているの？」「それってスネ当て、なんの意味があるの？」とか。あとはヘアゴムをしてきた子がいて、「ああ、これは難しいな……」と思いながらも、「え？　髪の毛、邪魔なの？　髪の毛をさわる時間より、サッカーでボールにさわる時間のほうが大事じゃない？」と（笑）。

大槻 その言い方はさすがですね（笑）。

身だしなみの大切さを知る

丹野 実際にジュニアユースの子たちが、みんなユースに上がれるわけではありません。高体連のチームだったらソックスを上げずに練習することなんてないと思います。僕も高体連のある監督さんに聞いたんです。「ソックスを上げていない選手が入ってきたらどうします？」と。そうしたらその人は「まあ、すぐにソックスを上げるか、やめるか、どっちかだね」って（笑）。それこそジュニアユースから高体連に行った子が、派手なヘアゴムを付けてきたら、「ああ、アルディージャって、こんな指導をしていくんだ」とも思われてしまいますし、それで困るのは、そういう目で見られてしまう、その子なんですよ。

大槻　身だしなみは大切ですよね。

丹野　どこのチームに行っても通用するような選手を育てることを考えると、身だしなみからちゃんとしていくことが大事だと思うので、それはジュニアユースからユースに上がる子も、ユースからトップや大学に行く子も一緒で、「ここだけでよければいいよ」という子にはなってほしくないのです。やはり大人が、そこでぶつかるぐらいの気概を持って、「ダメなものはダメだ」と示してあげることはすごく大事だと思います。

基準を与えると意識が変わる

父親　中学2年生に、はっきりと「ダメなものはダメだ」と言うようにしたことで、選手たちに変化はありましたか？

丹野　ひとつはやっぱり基準ができることで、選手たちも「こうしなきゃいけないんだな」とは思ったのではないでしょうか。自分がユースのカテゴリーから来たので、「上のカテゴリーではこうだから、君たちのやっていることは通用しないよ。だから、こうしていったほうがいいよね」という言葉がより響いたのかもしれません。それでトレーニングに向き合う姿勢も変わっていきましたし、準備する部分も少しずつ変わりました。

大槻 中学生がちょっとしたことで変化していくことは、僕も普段から感じています。

丹野 だいたいユースの選手は練習の1時間ぐらい前に来て準備します。最初のころのジュニアユースでは、平日の練習は時間がなく難しいのですが、時間に余裕のある週末の練習のときでも、始まる15分前に来る子がいたのです。それが普通になっているところを、「いやいや、違うでしょ」と。道具の準備も、自分の体の準備もそうですし、そういうことも含めて基準を与えることによって、変化しますよね。ユースの1年生に、代表にも入っている選手がいて、その子はもともとすごく線が細かったのですが、「ユースの選手の食事の量ってどのぐらいなんですか?」と自分から聞いてきましたね。「みんなこれぐらい食べてるんじゃない?」と話をしたら、ちょっとずつ食べるようになって、ちょっとずつ体も逞しくなっていきました。それでも食べられる量は限られているので、カゼインという、寝ている最中に体に吸収されるプロテインについて、「これを寝る前に少し飲むと体に栄養が吸収されるよ」と伝えたことがあります。そこから体も大きくなっていきました。

どんな選手がプロになるのか

大槻　たとえば「こんな選手がプロになっていったな」というような、ご自身の中の経験則はありますか？

丹野　一番は、選手として、間違いなく飛び抜けているものがあるということですね。カテゴリーが進んでいくにつれて、どんどん「自立」から「自律」へ、自分で立っていくところから自分を律していく段階になっていきます。プロに行くような子はベースにそれがありますが、段階を追って努力してできていく子もいますし、本当に何も考えていないように見えて、そこまで行っちゃう子もいるんです（笑）。たとえば奥抜侃志《かんじ》（ニュルンベルク／ドイツ）は持っているものが素晴らしくて、「この子はすごいな」と感じることも多かったのですが、普段は何を考えているのかわからなくて、高校生まで何を聞かれても「はい、はい」しか言わなかったんですよ。でも、プロになったら人が変わったように話すようになって、そのスイッチがなんなのかは正直よくわからないのですが、結果的にそういう選手がA代表に行きました。

大槻　ジュニアユースのときも何か問題があったわけではないんですね？

丹野　そういうことはなかったです。ごくごく普通の子ですし、あまり周囲と積極的に会話をするタイプではなかったですが、「曲げないものがあるな」というか、強い芯があることはわかっていました。そう考えるといろいろなタイプがいますね。村上陽介（大宮アルディージャ）はユースからアルディージャのアカデミーにやってきた選手ですが、高1で入ってきたときには「高3になって試合に出られるかな……」という立ち位置でしたよ。すごく覚えているのは相手のコーナーキックで、もうキッカーが蹴る準備をしているのに、「お腹痛いです！」とピッチから出てしまって、「待て待て待て！　1人少なくなっちゃうじゃん」って（笑）。

土屋　そこから年代別の代表に選ばれて、U－17のワールドカップに出るまでの選手になっていくわけですからね。

丹野　そうなんですよ。陽介は最初こそそういう感じでしたが、すごく頑張りました。努力ができるタイプの子でしたね。確かにいろいろなタイプがいましたが、共通するのは、結局やり方は違っても努力を重ねていることです。侃志はもうドリブルをずっとやっていましたし、陽介もずっとヘディングを練習していました。市原吏音（大宮アルディージャ）も、練習が休みの日に、寮の1階トレーニングルームで「ガチャン、ガチャン」と音が聞こえるなと思って、見に行ったら１人で筋トレをしていましたね。やはりプロになっていくような選手は、そういうタイプが多いかなと。もともと何かしら持っているものはあって、それを自分で磨けるか、磨けないかは、すごく大きいと思います。大槻さんは教え子でプロになっている子たちの共通項って感じられますか？

大槻　確かにこだわっている子がいい選手になっている気がします。たとえば中村敬斗なら、同じ角度でシュート練習する姿をよく見ましたね。「今はちょっとやめておいて」と言っても、小さなスクール生がいる中で、シュートをバコーンと蹴っていました。今野息吹（愛媛ＦＣ）は左足のクロスの練習を繰り返していましたし、相馬勇紀は自分とよく１対１をやっていましたね。教え子ではないですが、先輩の永井雄一郎さん（元日本代表）も、ミニコーンを不規則に置いてずっとドリブルの練習をしていました。

丹野　やっぱりまっすぐな芯がありますよね。

大槻　あとは「スムーズなコミュニケーションができる」という部分もあると思います。いろいろな人に対して、普通に話せるというか。そういう子は多かったかなという印象です。

丹野　特にそういう受け答えの上手な子は、ディフェンスの選手に多い気がします。ボランチやセンターバック、そのあたりはしっかりしている子が多いかなと。フォワードはやっぱり破天荒な子が多いので（笑）、突き抜けていくには逆にそうじゃないとダメなんでしょうね。ヨーロッパでもそういう傾向だと聞いたことがあります。

土屋　たとえばその年代で突出している選手との関わり方はいかがですか？

丹野　もちろんケースによりますが、親も子も鼻高々になっていることが多いので、「それは違うんだよ」ということを言ってあげないといけません。実際にできているのなら、もう上のカテゴリーに上げてしまって、そこで「こういうところができていないよね」という現実を教えてあげたほうがいいと思います。そういう子がよく言うのは「できてるからいいじゃん」という言葉なんです。だからこそ、できないところに入れてしまうのが一番なのかなと。どこかで鼻っ柱をへし折って、「まだ無理だろ」と言ってあげると、そこで初めて突き刺さるものがあったりしますよね。でも、それはもちろんその子をよくするためにやることで、そういう場所を提供することは大事だと思います。

サッカーから何を学んでいくかが大切

父親　今はある程度ちゃんと勉強をしていないと、なかなか進学も難しいと思うのですが、学校生活や学業にはどのぐらいまで介入するものですか？

丹野　通知表は受け取っています。それでよっぽど成績が悪かったときは親御さんと話をしますが、基本的には選手にアプローチして、ジュニアユースであれば「この成績だとユースには上がれないよ」と、ユースであれば「もう大学進学できないよ」とはっきり言いますね。ときには学校の先生と話をしに行くこともあります。あとはユースだと赤点を取ってしまった場合には、大会のメンバーに入れる力があっても、その大会には連れて行かないこともありますね。

父親　それぐらいはっきりとサッカー面にも影響を与えるものなんですね。

丹野　そうですね。やっぱり勉強も大事ですから。僕の中では「サッカーを教わりに来ている」という感覚がそもそも違うと思っていて、**サッカーを教わるのは当たり前で、「サッカーから何を学んでいくか」が一番大事**だと思うんですね。サッカーを通じて、人としてどうなっていくか、社会性をどうやって養っていくかを学んでほしくて、そう考えればもちろん学業も大事ですし、ほかの子が困っているときにどうやって助けられるかとか、サッカーを通して人として成長していくことが一番大事なことなんです。

大槻 僕もそれは常々思っています。

丹野 結局サッカーを頑張ってプロになるのは、もう目的として大前提の話で、だからサッカーはどのチームよりも、どの人よりも頑張ってやらなくてはいけないわけで、そんなことはもう言わなくてもできるだろうと。そのサッカーから何を学んでいくかが、ここでサッカーをやることの意義なんですよ。そこでいろいろなことを学べれば、たとえプロサッカー選手になれなくても、社会に出て立派なリーダーになれると思うので、僕たち指導者もサッカーだけを教えるのは、ちょっと違うなと感じますね。

父親 内面の変化が選手の成長につながっていくわけですよね。

丹野 そう思います。結局人としての部分が伴ってこなければ、サッカー選手としても難しいだろうなと。ある程度までは行くかもしれませんが、僕たちは本当のトップレベルの選手を育てたいと思っているので、そうなると人間的にもしっかりしていないと厳しいですよね。そのときにしっかりしていなくてもいいんですよ。「パーフェクトになれ」とは思わないですし、彼らにいろいろな形で働きかけていくことで、少

サッカーから何を学ぶか

し経ったら「ああ、こういうことを言いたかったんだ」と気づけるようなものを与えていきたいですね。やっぱりいきなりは変わらないんですよ。中には劇的に変化する子もいますが、人の成長はそれぞれなので、どのタイミングで変わるかなんてわかりません。ただ、そもそもそういうアプローチをしなければ変わっていかないので、そこはすごく大事にしています。

大槻　その変化は本当に大事ですよね。

丹野　やっぱりピッチの中と外は似ています。ある意味でその人の人格がピッチに立ってプレーするわけです。この前も寮で点呼をしているときに、寮長をやっているある選手が、僕のところに「全員います」と言ってきたので、「ちゃんと確認したの？」と聞いたら、「確認しました」と。「どうやって確認したの？」「いや、上にいた選手は確認して、下にいる選手はお風呂場のサンダルの数を数えました」と。「え？　誰か適当にサンダルを置いている選手がいたら、人数合わないよね？　ちゃんと確認してないじゃん」という話になったんですね（笑）。

土屋　それは大人でもありそうな話ですね。

丹野　その子のポジションはディフェンスです。普段から「こうだろうな」という感じでプレーするタイプで、それでやられてしまうことが多いんです。そのときにも「ディフェンスは『こうなるかもしれない』でプレーしなきゃいけないよね。あなたはピッチの外でも『こうだろうな』で行動するから、ピッチの中でもやられているよね」と言いました。やっぱりそれが習慣になっているのであれば、そういう思考や価値観を変えないと、プレーでも根本的なところは変わらないんです。だから、「もう1回、確認してきなさい！」と（笑）。そういうこともありますよ。

観察を繰り返すと感覚が研ぎ澄まされる

父親　選手のそういうところにまで触れることが大事なんでしょうね。本当に指導者は大変ですよね。

丹野　大変です。「丹野さん、そんなのいつ見ていたんですか？」と言われることも多いですよ。「見ていないようで見ているんだよ」と（笑）。特に仕草や表情などを見ています。うまくいっていない子だったら、「ああ、今はこういう方向に行っているな」と感じておきます。それでも泳がせながら、どこかでちょっと間違ったことが出てきたようなときには、「それは違うだろ」とアプローチしていますね。

土屋　もともと「観察する」ことはお好きですか？

丹野　好きというわけではないですし、指導者になった最初のころは、見ていても選手の気持ちがわかるところまではいかなかったです。ただ、観察していくうちに、人がどういうことを考えているか、「こう思っているんだろうな」と感じられるようになりました。仕草を見たり、話している会話の内容を聞いたり、雰囲気を見たり、そういう経験を蓄積していく中で、どんどん感覚が研ぎ澄まされていった感じだと思います。そういうところを一切気にしない指導者の方もいると思いますが、それはその人のスタンスですし、選手が変わっていくのであれば、そのやり方でいいんですよ。自分はいろいろと様子を見ながら、「この選手にはこのタイミングで言ってあげたほうがいいな」とか、「今のタイミングで言っても、右から左に抜けて終わりだな」とか、伝えるタイミングを考えています。ただ、自分の考えが絶対に正しいとは思っていないので、こうに違いないと絶対に確信があるときは言いますが、そうでなければ、まずは選手に考えを聞いてみますね。

声かけはポジティブを心がける

大槻　観察して、伝えるタイミングを見計らいながら、選手の考えを聞くのですね。

観察するときの視点

試合中も同じような感覚ですか？

丹野　そうですね。試合中もたとえばうまくいっていないような雰囲気を感じたら、ハーフタイムにそういうマインドを変えるようなコーチングはする必要がありますし、それでも変わらないのであれば、もう選手を代えるしかないですよね。

大槻　そこは待つタイプですか？

丹野　どちらかと言えば、待つタイプだと思います。**調子がよくない子にもポジティブに働きかけてみて、**それでも変わらなかったら、チームの勝利も大事なので、選手を代えなくてはいけないこともあります。ただ、そこで代えてしまうのは一番簡単です。プロのトップチームだったらバッサリ交代してもいいと思いますが、僕らは育成年代を預かっているので、様子を見ることもあります。もちろん、代えることがその子にとって一番よい薬になると思えば、バッサリ代えたうえで、終わったあとに「なんで交代させられたと思う？」と聞いてみます。「こう思います」と答えたことが僕の考えとズレていれば、「オレはこう思ったけど、実際はどうだったの？」と話をしますね。やっぱり指導に「絶対」はないので、「この子にはこう言ったほうがいいな」「この子にはこっちの言葉のほうが合っているな」というものがあって、そこは以前に比べて**「個別性」が大事**になってきていると感じます。

父親　試合中のポジティブな働きかけとは、どういったものですか？

丹野　「全然大丈夫だよ」とか「もっと仕掛けていいよ」とか声をかけることですね。本当にやってはいけないミスはちゃんと指摘してあげますが、ミスであっても「チャレンジしているミス」は全然オーケーです。逆にチャレンジしていないようなミスに対しても、直接的に言うのではなく、ダメなことを指摘するというよりは、「こういうふうにチャレンジしていったほうがいいんじゃない？」というニュアンスで声をかけることは考えています。まあ、ゲームに入ってしまったら、結構直接的なことを言っているかもしれませんが（笑）。やっぱり入り込んでしまうこともありますから。

報連相は手段とタイミングも大事

土屋　以前、アルディージャのユースに、とにかくドリブルがすごいけれど、ほかのことがなかなかできない選手がいましたが、丹野さんが非常に粘り強く指導されて、その子は結局プロになりましたからね。

丹野　その子はユースから入団したのですが、入ってきたときに「こんなに守備ができないの？」というような子だったのです。１０００メートルを7分ぐらいかけて走っていて、最初は「真面目に走っているのかな？」と思ったんですね。でも、「ちょっと待てよ」と考え直して、1回血液検査をしてもらったら、鉄分が足りていませんでした。それで走れていなかったと。そういう体の問題に敏感になることも大事ですよね。わかってからは、それに応じたトレーニングを課していくことで、人並みには走れるようになりました。

父親　その子にはちょっとずつ課題を与えて、積み上げていったイメージですか？

丹野　そうですね。独特な感性を持っている子だったのですが、ちょっとずつ課題に取り組んで、ちょっとずついろいろなことができるようになっていったイメージです。プロに行ったあと、チームを移籍することになったときには、「移籍することになりました。頑張ってきます」という連絡がきました。そういうのはうれしいですよね。

大槻　そういう報告は非常に大事ですよね。

丹野　大事だと思います。先ほども話しましたが、僕は特に「報連相」を大切にしていて、その順序も、選手に最初に言いますね。まずは直接会って、話をするのが「報連相」の一番目で、二番目は電話です。「今は、LINE電話でもいいよ」と（笑）。それができなかったときの三番目がLINEやメール等の「テキスト」ですよね。この順序を守ってくれとは必ず選手たちに言っています。まずは向かい合って、しっかり話をしようと。自分で報告しに来なさいと。それでも時間的な都合が合わないような、どうしても難しいときには、仕方がないから電話でいいよと。さらに電話もつながらないけれど、どうしても伝えたほうがいいと思うことがあれば、ＬＩＮＥでいいと。『最初からＬＩＮＥで済ませてしまおう』というのは、なしだよ」と言いますね。

父親　明確な基準をつくるということですね。

丹野　はい。それはいつ報告するのがいいことなのかを、自分で考えてほしいということでもあります。それをちょっとずつ、ちょっとずつやっていくと、「今じゃないな」というタイミングと、何を使えばいいかという手段が、みんなわかっていくものですよね。

ジュニアユースの息子との会話

大槻　丹野さんは息子さんがユースにいらっしゃいますよね。もともとお父さんが指導者をしているクラブだとわかって入ってきているわけですが、たとえばジュニアユースのときにはどういう関わり方をされていたんですか？

丹野　ほぼ関わっていないです。僕はユースの指導がありますし、彼はジュニアユー

「報連相」の手段の順序

1 会って話す

2 電話（ＬＩＮＥ通話など）

3 テキスト（ＬＩＮＥやメール）

スで活動しているので、そもそも同じグラウンドでは会わないんですよ。ただ、奥さんからはいろいろ話を聞いていましたし、本当にしんどそうにしているときは、多少言葉をかけてはいました。

父親　それは親としてという感じですか？

丹野　そうですね。サッカーのところは、たまにちょっと見て、「こうやってもいいんじゃないの？」と言うこともありました。基本的に息子の情報は奥さんから聞くので、奥さんが「安全なプレーばっかりして、もっと仕掛ければいいのに」と言っていたりして（笑）、僕も映像を見ながら「確かに仕掛けられるときもあるな」とは思いながら、息子が家に帰ってきたときに「もっと仕掛けてもいいんじゃない？」と話したりはしました。

父親　そのぐらいまでは踏み込むんですね。

丹野　チームのスタイルや息子の性格的な問題もあって、「ボールを失ってはいけない」という思いも彼の中であったのかなと感じたので、「別に取られたら切り替えればいいし、自分の強みをどんどん磨いていけばいいよ」と言いました。でも、**プレーに対するダメ出しはしていないと思います**。考え方やマインドが気になるときは軽く言ったりしましたが、**基本的にはほめてあげるのが一番いいのかなと**。やっぱり僕自身が指導者という専門的な仕事をしているので、息子にも言葉が入っていきすぎちゃうと思うんですよね。

父親　小さいころは一緒にボールを蹴ったりしていましたか？

丹野　そうですね。本当に小さいころはリフティングがあまり得意ではなかったので、「じゃあリフティング100回できたら、寿司でも食べに行こうか？」とか言ったら、ずっとリフティングをやっていました（笑）。そうやってお互いに遊びながらサッカーと関わっていた感じで、細かいことを教えるようなことはなかったです。むしろ奥さんのほうが「もっと教えてよ」と言うので、「ボールにたくさんさわればいいよ」って（笑）。そういう感じでしたよ。

息子がいるチームで監督を務めるということ

土屋　その後、自分が監督をしているチームで、息子さんがプレーされるという状況になりますが、難しさは当然ありますよね？

丹野　クラブからユースの監督の話をもらった時点で、かなり悩みましたね。息子に「来年こういう打診がきているんだけど、どう思う？」と聞いたら、「わからないよ」

と返されて、「そうだよな。わからないよな」って（笑）。でも、そういうことを経験できる人もごくわずかしかいないですし、うまくいくかどうかもわからなかったですが、チャレンジしようと思いました。今はだいぶ慣れましたね。一緒に戦っていて楽しいときも少しずつ出てきました。でも、最初はまったく楽しくなかったです。

父親　ああ、そういうものですか。

丹野　はい。やっぱり、ほかの子にも気を遣ってしまうんですよ。息子が本当にいいプレーをしていても、「これを本人に言ったら周りはどう思うかな……」とか。

父親　周囲も２人がおとうさんと息子だとわかっているわけですからね。

丹野　それもありますね。だから、ほかの選手たちも大変だったと思います。それこそ以前は、僕の家に来てバーベキューをやることもありました。要はそのときの僕は「友だちのおとうさん」です。その人がいきなり次の年は自分たちの監督になってしまったわけで、ほかの選手たちに与える影響がどうなのかなと考えることもありました。なかなか難しいなと思いつつも、ちょっとずつ慣れていった感じです。ただ、全国大会も親子で一緒に戦えたんですよ。そんな親子なんて非常に少ないでしょうし、貴重な経験ができて楽しかったですね。「全国大会、楽しかったよ。負けたのは悔しいけど、よく頑張ったな。ありがとう」とＬＩＮＥを送ったら、「勝たせられなくてごめん」みたいな返信があって。そんなやり取りもありましたね。

父親 それはほとんどの人が経験できないようなことですね。

丹野 「勝たせられるような選手になれるように頑張ります」って。「期待しているよ。頑張れ」と返信しましたが、「いや、あなたじゃないよ。オレが勝たせるんだよ」と思っていましたけど（笑）。

土屋 いい親子関係ですね。

丹野 そういう意味では、一緒にいる時間は今までの人生の中でも一番長いですよね。これまではほぼ一緒にいる時間はなかったのに、今やほぼ一緒です。僕もオンとオフを切り替えていますが、息子のよいところは家に帰ると完全にスイッチを切るので、それはいいんじゃないかなって。親としては「そんなダラダラして」と思うときもありますが、それを彼に言ってしまったら本当に休む場所がなくなってしまうので、「まあ、いいか」と。一方で奥さんからも「あなたは家に帰ってさたらパパだからね」と言われているので、そこはもうお互いがそういうモードでやっています。

大槻 息子さんとの関係性も変わってきましたか？

丹野 家ではほぼ変わらないです。でも、グラウンドでは「監督」という感じになりますし、僕も息子には「クラブハウスの敷居をまたいだ瞬間から変わるから」と言っているので、家から車に乗せてきていても、クラブハウスの駐車場まで一緒に入ったことは1回もないです。絶対に外で下ろして、別々に入っていきます。「ここに入ってきたらもう違うよ」と。当然実力がなければ試合にも出さないですし、そこは割り切っているところはありますね。

父親　奥さんとの関係性にも変化はありましたか？

丹野　いえ、変わっていないと思います。ただ、全国大会が始まるときは「もうしばらく2人とも帰ってくるな！」と送り出されました（笑）。

父親　それは素敵な奥様ですね（笑）。

丹野　奥さんもバスケットボールをかなり真剣にやっていたので、そういう意味でのよい厳しさはありますし、我々に対する理解はかなりあると思います。

第3章の習慣（まとめ）

17 中学生には「報連相」の徹底を。手段とタイミングも考えさせる

18 親目線と指導者目線は違う。両者で考えを合わせ、子どもにとっての最善を提供

19 １日の練習時間は２時間程度。残りの22時間の過ごし方が大事

20「ダメなものはダメだ」と言う。衝突すべきときに逃げると子どもも変わらない

21 プロになる選手に共通するのは、やり方は違っても努力を重ねていること

22 チームでサッカーを教わるのは当たり前。「サッカーから何を学ぶか」が問われる

23 選手への声かけはポジティブに

24 日常生活で習慣になっていることは、ピッチの上でもプレーに現れる

第4章

よく食べられることって大事ですか?

管理栄養士　小澤智子さんに聞く

数々のJリーガーをプロの世界に送り出してきた丹野さんの言葉には、やはり説得力があった。話の中で時折父親としての顔がのぞくのも親近感が湧き、思春期の子どもとの向き合い方に多くのヒントをもらうことができた。

次のテーマを提案してくれたのは友人の奥さんだ。子どもがサッカーチームに入っていると、母親同士の間でも「どういう食事をつくっているか」という話題によくなるそうだが、ごくごく基礎的な知識こそあっても、そこから一歩踏み込んだ食への意識を持つまでにはなかなか至らないという。夫が最近いろいろなサッカー関係者に会っているという話をするので、本人も食事のスペシャリストに直接質問してみたくなったそうだ。

大槻さんが推薦してくれたのは、管理栄養士として活躍されている、小澤智子さん。2014年にはブラジルワールドカップに挑む日本代表のコンディショニングサポートを任されており、育成年代にあたる選手たちの栄養サポートの経験も十分。大槻さんが三菱養和で指導されていたころには、中村敬斗に対する食のアドバイスも担っていたという。

日々の生活と密接に結びつく「食事」という部分で親は何ができるのか。身近なテーマではあるが、実際は知っているようで知らないことも少なくなさそうだ。今回は前のめり気味に意気込む友人の奥さんも同席して、小澤さんに食に関するお話を伺った。

なぜ食事が大事なのか

父親　そもそもアスリートには、なぜ食事が大事なのでしょうか？

小澤　スポーツは体を使ってする活動で、その体をつくる材料になるのが食べものだからです。大人になったとしても、体というのは骨も筋肉もこわされて、つくられて、を繰り返すもので、特に成長期の子どもにとっては、材料をしっかり入れることが重要です。あとは体調を整えるためにも、食べものからとれるエネルギーや栄養素が必要になってくるので、スポーツをするためには、きちんと食べないといけないと思います。

父親　体をつくるためというのはよくわかります。

小澤　ほかには気分転換のひとつという面もあると思います。スポーツをしているといろいろな場面がありますよね。特に年齢を重ねたり、レベルアップしたりすると、精神的にも肉体的にもタフな状況に置かれます。そのときに食事が気分転換になったり、「自分はこれだけ食事に関して頑張れている」ということが支えになったりしたらいいですよね。

母親　私も食事が気分転換になってほしいなと思っています。

小澤　はい。早い段階でバランスのとれた食習慣をつけてもらうことで、食事も「これだけ食べたから大丈夫」という、アスリートの自信を支えるものになってくれたらいいなと思っています。

バランスがよい食事とは

母親　よくいわれる「バランスがよい食事」の「バランス」とはどういうものを指すのですか？

小澤　「バランスがよい」とは、「必要なエネルギーや栄養素をとれている」ということです。ただ、「このビタミンを何グラムとろう」なんて細かいことは日常的に考えられませんよね。ですので、農林水産省と厚生労働省から共同で出している指針「食事バランスガイド」が参考になります。ここでは「5種類そろう食事」が推奨されています。それはアスリートにもすすめられていますし、日本だけではなくて、アメリカでもほぼ同じような形の指針が示されています。

母親　ぜひ5種類を教えてください！

小澤　「主食」「主菜」「副菜」「牛乳・乳製品」「果物」の5種類です。これをアスリートはなるべくそろえて食べてもらいたいです。ただ、実際に私も子どもがいますが、たとえば給食だと果物が出ない日もありますよね。そういう理由で食べられないところは「補食」で補ってほしいです。

父親　「補食」という言葉もよく聞きますね。

小澤　食事と食事の間の間食について、アスリートの場合は補う食事と書いて「補食」という言い方をしています。英語だと「スナック（Snack）」という表現が使われることが多いですね。その**「補食」で補いながら、1日を通して必要な5種類をそろえてもらいたいと思います。**

母親　朝食、昼食、夕食の3食にプラスして、必要なものを補っていくイメージですね。

小澤　はい。ただ、食物アレルギーを持っている方もいますよね。牛乳・乳製品の食物アレルギーがある場合は「牛乳・乳製品」でとれる栄養素の中で不足しやすいものを、ほかの食品や栄養補助食品をうまく使いながらとっていくのがいいのかなと思います。

土屋　うちの子どもはお腹をこわしやすくて、牛乳はあまり積極的に飲んでいないのですが、やはり飲んだほうが成長にはいいんですね。

小澤　特に中学生は人生の中でカルシウムの必要量が一番多い年代です。そこにスポーツをすることが付加されると、もっとカルシウムが必要になってくると考えられています。日本人の一般的な食生活を考えると、牛乳・乳製品を食事や補食でとることで効率よくカルシウム摂取量を増やすことができます。ただ、食物アレルギーがある場合はその対応が必要ですし、お腹をこわしやすいのであれば、それは「乳糖不耐症」の可能性が考えられます。

土屋　ああ、その症状には名前があるんですね！

小澤　はい。牛乳の中に入っている乳糖という糖を消化できない症状です。ただ、ヨーグルトだったら大丈夫だという人もいますし、今は乳糖を分解した牛乳もあるので、それを飲んでもらう方法もあります。実際にプロのアスリートでもそれを飲んでいる人もいますね。

母親　先ほどおっしゃった5種類の中で、「主食」とはどんな食べものが挙げられますか？

小澤　ごはん、パン、麺です。

父親　「主菜」はどんな食べものですか？

小澤　肉、魚、卵と大豆を使った納豆や豆腐のような大豆製品です。第一段階としてはやはり5種類がそろうことを考えてもらいつつ、次のステップとして「主菜」の中でも、肉だけでなく、魚や大豆製品など、いろいろな種類のものをとるというのをおすすめしています。

母親　では、「副菜」はどんなものでしょうか？

小澤　野菜、きのこ、いも、海藻です。あとの2種類も「果物」はそのまま果物全般で、「牛乳・乳製品」の乳製品はヨーグルトやチーズです。

大槻　ある大会に出たときに、スポンサーについていたハンバーガーのファストフードグループが栄養講習会をやっていたのですが、ハンバーガーは「パン＝炭水化物」「ハンバーグ＝肉」「レタス・トマト＝野菜」「チーズ＝乳製品」で、栄養フルコース型なんですと話をしていました。あまり栄養というイメージがないのですが、小澤さんはどう思われますか？

小澤　試合の後などでほかにお店がないときに、ファストフードのお店に行くこともあると思うので、ハンバーガーやポテトは、脂質の摂取量が多くなりやすいことを知っておいてほしいです。フライドポテトは「副菜」ではあるのですが、揚げ物なので脂質を多く含みます。

5種類そろう食事

主食　**炭水化物（糖質）**　ごはん・パン・麺
主菜　**たんぱく質**　肉・魚・卵・豆製品
副菜　**ビタミン・ミネラル**　野菜・きのこ・いも・海藻
牛乳・乳製品　**カルシウム**　牛乳・ヨーグルト・チーズ
果物　**ビタミンC・カリウム・炭水化物（糖質）**　果物

大槻　やはり脂質が多いのですね。

小澤　中学生や高校生は、遠征のときや週末の練習帰りに疲れてクタクタになったときに食べたくなって、食べる機会もあるかと思います。ただ、トップレベルの高校生の選手に「ファストフードのハンバーガーとポテト、食べたくならないの？」と聞くと、結構二極化する傾向がありますね。

母親　そうなんですか。

小澤　「小さいころから食べていないから、食べたいと思わないです」という子と、「食べたいけど我慢しています」という子に分かれます。それを聞いて、子どもの習慣はそこまでの食生活の積み重ねで変わってくるのだなと実感しました。

鉄とカルシウムを意識してとりたい

大槻　成長期と食事の関係という部分で、小澤さんが強調しておきたいことをお伺いしたいです。

小澤　基本的には5種類そろう食事を心がけていただきながら、成長期に不足しやすいものに注意して、準備していただくことが大事です。特に小学生や中学生は男女ともに食事量をしっかりとらないとエネルギー不足になりやすい年代です。

母親　エネルギー不足になっている子は以前より多い気がしています。

小澤　エネルギー源になるのは主に炭水化物（糖質）を多く含む「主食」なので、まずは主食の量をしっかりとるのが重要です。あとは鉄とカルシウムは意識しないと不足してしまう栄養素なので、そこにも注意してもらいたいです。

母親　やはりカルシウムは不足しやすいんですね。

小澤　そうなんです。先ほどお話した「牛乳・乳製品」をとってもらいながら、カルシウムを多く含んでいる食品を毎日の食事や補食でとれるようにしていくことが大事です。

土屋　「牛乳・乳製品」以外で、カルシウムをとれる食品にはどういうものがありますか？

小澤　大豆や豆腐や高野豆腐などの大豆製品にもカルシウムは含まれていますし、あとは日本の食卓に登場することの多い水菜もおすすめですね。もちろん海藻類もそうですし、小魚やちりめんじゃこ、干しエビをサラダに入れてもらう方法もおすすめです。実は鉄とカルシウムを多く含む食品は重なる部分があります。

母親　今の子どもに鉄が不足しているということもよく聞きます。

小澤　はい。鉄はかなり頑張らないと必要な量に到達しにくい栄養素なんです。

母親　鉄が多く含まれているのはどういう食べものですか？

小澤　レバーや赤身の肉と魚、あさりやしじみです。肉だと牛肉に一番多く含まれています。魚ではまぐろやかつお、あとはさばやぶりの「血合い」の部分も活用してほしいです。

土屋　肉の赤い部分＝鉄が多いというのはわかりやすくていいですね。

小澤　大豆製品の納豆や豆腐にも多く含まれています。たとえばすき焼きには牛肉と豆腐が入っているので、鉄をとりやすい料理です。鉄には吸収率の高いものと低いものの2種類があって、肉や魚などの動物性の食品に含まれる鉄のほうが吸収率は高くなっています。野菜でも小松菜やチンゲン菜は鉄が多く含まれていますが、肉や魚に含まれる鉄に比べると体内での吸収率が低くなります。みかんやキウイなど酸っぱい果物などに多く含まれるビタミンCは鉄の吸収率を高めてくれるので、一緒にとるのがおすすめです。

母親　そんなに特別なものを食べるというわけでもなさそうですね。

小澤　そうなんですよ。そういえばサッカーをしている子どもたちは、よく試合後に回転寿司のお店に行きますよね！

カルシウムと鉄を含む食品

カルシウムを多く含む食品

牛乳、ヨーグルト、チーズ、納豆、豆腐、厚揚げ、高野豆腐、水菜、海藻、小魚、ちりめんじゃこ、干しエビ

鉄を多く含む食品

レバー、赤身の肉（牛肉）、赤身の魚（まぐろ、かつお）、さば、ぶり、あさり、しじみ、納豆、豆腐、厚揚げ、高野豆腐

母親　うちも子どもの試合のあとには行きます（笑）。

小澤　試合のごほうびとかで行くことがあると思うのですが、回転寿司のお店で食べるときには、まぐろなどから鉄をとることができますよ。

貧血の対策

母親　男女でも摂取すべき栄養素は多少変わってくるでしょうか？

小澤　女子は月経があるぶん、体内の血液の損失量が増えるので貧血になりやすく、鉄の摂取が大切といわれています。ただ、成長期になると男子も急激に身長が伸びるタイミングで貧血になりやすいです。しかもその時期はちょうど反抗期と重なるので、見逃されやすい可能性があります。だるそうだったり、やる気がないように見えても、実は貧血が原因だったということは少なくありません。

大槻　過去に僕が見ていたチームにもちょっとやる気がなさそうに見える選手がいて、話を聞いたら「練習が終わったら体がだるくなって頭が痛くなる」と言うので、親御さんに話をして血液検査で調べてもらったら、「鉄欠乏性貧血」でした。

父親　「鉄欠乏性貧血」というフレーズもいろいろな場面で聞くようになってきまし

たね。

小澤　貧血は体質によるところも大きいのではと思っています。「なんでこれしか食べていないのに貧血にならないの?」という子もいれば、貧血予防の食事にすごく気をつけているのになりやすい子もいて、難しいなとは思います。食事による貧血予防は、鉄の摂取量に気をつけるだけでなく、エネルギー不足やたんぱく質などの摂取量にも気をつけることが重要なので、食事量をしっかりとることも大切です。

体重がなかなか増えない悩みに対して

大槻　最近は成長期の子の親から「うちの子、全然太くならないんですけど」と、かなり真剣に質問される機会が多いです。

小澤　確かにそういう事例は多いと思います。ただ、私たちが思っている以上に、小学生から高校生までの間はエネルギーの消費量が非常に多いので、高校生でも、かなり食事の量を増やしてもなかなか体重が増えないケースもあって、「これだけ食べたらやっと増えてきた」という子も少なくありません。

土屋　自分も毎日サッカーをしていた高校生のときは相当な量を食べていましたが、

一向に体重が増えませんでした（笑）。

小澤　中高生は登校するときにも自転車や徒歩で体を動かしていますし、体育の授業もありますよね。たぶん休み時間にサッカーをしている子もいるでしょうし（笑）、下校時はグラウンドへの移動があって、そこから帰るときも自転車に乗ってと、かなり運動量が多いので、やはりしっかり食べないといけません。基本的には体重を目安に、食事量を一人ひとり調整していく必要があり、目安量はあくまで目安なので、それぞれに応じて変えていくことが大切です。

母親　うちの子もそこまで食べられる量は多くありません。

小澤　そこは「補食」をうまく使ってほしいです。一気に食事量を増やしてしまうと、吐いたり下痢したりする選手も中にはいるので、少しずつ増やしていって、それに慣れたらまたちょっと増やしていくというやり方がおすすめです。

大槻　無理やり食べさせられるのはキツいですよね。

小澤　よく聞くのは、「合宿から帰ってきたら体重が減っていました」というケースです。体の成長期にはもちろん内臓も成長しているので、その成長過程の内臓の消化吸収能力も、まだまだ大人と一緒ではないと考えてもらったほうがいいと思います。

食事量を増やすと吐いてしまったり下痢をしたりする選手がいるのは、それが理由だと考えられます。

父親　食べられないことを厳しく言われる選手も少なくないと聞きますね。

小澤　小学生や中学生だと、あこがれの選手が何を食べているのかを知ると食事に興味が出てくると思います。今はインターネットで事例も調べられますし、ＪＦＡのホームページには吉田麻也選手（元日本代表・ＬＡギャラクシー／アメリカ）も食に関するコメントを出しているので、そういうものを親子で一緒に見ることで、モチベーションを上げる方法もいいと思います。子どもが「頑張ろう」と思えるようなものがあるといいですよね。

食への意識が高いことが大きな差になる

大槻　小澤さんは三菱養和でも食事指導を担当してくれていたので、中村敬斗にもアドバイスをくださっていましたよね。

小澤　中村くんは最初から「食べられる選手」でした。量も食べられますし、練習前には「補食」もしっかりとっていましたね。やはり日本代表になっていくような選手は意識の高さと行動力がありました。Ｊリーグクラブのユースを見ていたときも、年代別代表に選ばれ続けるような選手は食に関する質問にもどんどん来るぐらい意識が高かったです。

母親　そこは比例するものなんですね。

小澤　それも結局は「自分で考えられる」ということだと思います。人に言われてやるのではなく、「体重が落ちたからこれを食べよう」という考え方ができていたり、「なぜこれを食べる必要があるのか」ということがちゃんとわかっていたりします。もちろん最初からそれができている選手もいますし、指導することで、自分で考える力がついていく選手もいます。

父親　やはり自主性が大事なポイントなんですね。

小澤　はい。特に高校年代だと、食が大事だとわかっているだけでも大きな差がつく実感があります。まったく食に対する習慣がついていない選手に高1から指導するのと、もともといい食習慣がある程度身についている選手に指導するのとでは、3年間の食事に関しての理解を深めるスピードがまったく違います。5種類を食事にそろえる中で、「また忘れてる!」という選手と、自分で考えて「補食」の量なども調整できる選手の違いは、それまでの積み重ねが大きいと思います。

母親　食事に対する意識の差はピッチ上のパフォーマンスに影響しますか？

小澤　これは私の考えですが、サッカーに限らず、すべてに対しての取り組みがそうだと思います。食への意識だけが足りなくて、ほかが完璧なんて選手はあまりいないでしょう。

土屋　確かに人間性はあらゆることに密接に結びついていくと思います。

小澤　それこそ睡眠に対してもそうですよね。逆に、完璧主義の選手に対してのアプローチには気をつけています。

大槻　小学校低学年ぐらいの子どもと合宿に行くとわかるのですが、「嫌いな食べものは食べられない」というマインドと、サッカーや普段の生活でも「めんどくさいことはやりたくない」というマインドは結構似ていると思います。

父親　確かに私も子どもの合宿に参加したときに、食事でも苦手なものを頑張って食べようとする子は、サッカーのトレーニングに向かう姿勢もポジティブだなと感じました。

小澤　そもそもの性格をコーチなどから聞くと、食に対する意識も「ああ、そういうタイプなんだな」と腑に落ちることはあります。たとえば気が散ってしまうタイプの子は、食事に関してアドバイスしたことがなかなかできないのに、自分であれもこれもやってしまうという事例は見たことがありますね。

日本代表レベルの選手は体重が減っても自分で戻せる

大槻　小澤さんは２０１４年のブラジルワールドカップに臨んだ日本代表のサポートに関わっていましたが、当時のエピソードで印象に残っているものはありますか？

小澤　大前提として、ほとんどの選手がしっかりした食習慣を身につけていました。海外遠征など環境が変わってもよく食べられる選手でないと、ここまで残ってこられないと感じました。下の世代から日本代表に選ばれて、ワールドカップまで残るような選手は、どんな場所であってもすごくちゃんと食べるんだなと。A代表だとシェフが帯同していますが、アンダーカテゴリーはそうでない年代がほとんどなので、現地のものを食べることになりますよね。そこで「体重が減って帰ってきました」というようなことを繰り返す選手は、もちろん食事面だけが理由ではないと思いますが、日本代表に選ばれ続けるということは少ないなと感じました。

土屋　そこもまったく無関係ではなさそうですよね。

小澤　ブラジルワールドカップのときは、各選手の体重の値を毎日見させてもらっていましたが、コンディションが落ちないことはよい選手の条件だと思いました。そういう選手は体重が減ってもすぐに自分で戻せます。コンディションのコントロールができる人が、最後まで日本代表に残っていく気がします。

母親　体重が減ってもすぐ戻せる選手は、自分の中でそれを意識できている選手ということですか？

小澤　そうだと思います。自分で数値を見たうえで、「体重が減っているよ」とコーチやトレーナーに言われたら、食事や補食をしっかりとって体重を戻すことができるんです。A代表になるとほとんどの選手はそれができていました。

手軽に用意できる補食とは

母親　今は共働きの夫婦も増えていて、私も実際に働いています。子どものために、「補食」を手軽に用意するなら、どんなものがありますか？

小澤　学校から1回家に帰る時間があれば、炊飯器にごはんを保温で残しておいて、子どもが自分でおにぎりをつくるのもひとつの方法だと思います。小学校高学年ぐらいになったら、そのぐらいはできてほしいです。もし家に帰る時間もなくて、チームの練習にすぐ行きたいという場合には、食パンを持っていってもいいですし、牛乳を飲む時間はぜひつくってほしいです。あとはコンビニに寄っても構わないというチームであれば、ヨーグルトドリンクや豆乳を買ってもらって、飲むのもいいですよね。あるいはご家庭でまとめ買いをしておいて、それを家から持っていくこともおすすめしています。

母親　コンビニのおにぎりでも問題ないですか？

小澤　問題ないと思います。もちろん個人差はあるので、自分に見合った量を探してほしいですが、中学生だったら練習前にはおにぎり2個ぐらい、200グラムほどを食べるのが目安量です。パンはどうしても脂質が多いので、セレクトが難しいんです。とは言っても、パンが好きな子もいますよね。

父親　子どもは菓子パンが好きですよね（笑）。

小澤　菓子パンは一応パンなのですが、食事バランスガイドではお菓子の分類になります。

大槻　肉まんはどうですか？

小澤　肉まんやあんまんはおすすめです。どちらもエネルギー源となる炭水化物（糖質）を多く含んでいて、肉まんには肉が入っているので、たんぱく質もとることができます。カステラや団子もいいですね。エネルギー源となる炭水化物（糖質）を摂取

おすすめの補食

おにぎり

豆乳

食パン

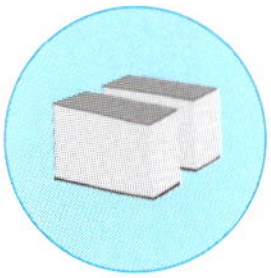

カステラ

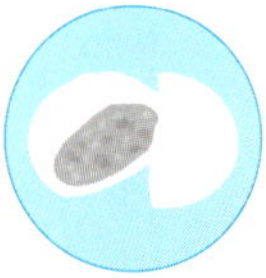

肉まん

バナナ

あんまん

果汁
100パーセントの
果物ジュース

牛乳

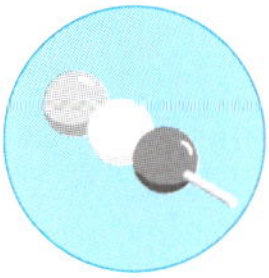

団子

ヨーグルトドリンク

することができます。

プロテインやサプリメントは役割を理解して使う

土屋　エネルギーゼリーも「補食」の枠に入りますか？

小澤　入ります。エネルギーゼリーはサプリメントの枠に入ります。Ｊクラブなどの、トップチームの選手だと冷蔵庫があるロッカーに補食を保存できたり、練習や試合後にすぐケータリングが来たりすることもある一方で、アンダーカテゴリーの選手だとそうもいきません。建物がまったくない会場や、テントもなくて日陰をつくれないような会場だと、持参した食事を暑い場所で保管しなくてはいけないこともありますよね。そこで保存の利くものとして、エネルギーゼリーのようなサプリメントをうまく活用してもいいと思います。ただ、「これは食品だと何と同じ役割を果たすのか」とか「これを食べることにどんな意味があるのか」とか、その役割をちゃんと理解する必要はあると思います。

父親　なるほど。あくまでも食事や補食を補うものであり、必要なときに食品の代わりにとるものであることを理解するということですね。

小澤　はい。「サプリメントをとっていればいいでしょ」という考え方にはなってほしくないですね。

母親　今は子どもたちの間でもプロテインが非常に流行っています。

小澤　プロテインも同じで、「これをとっておけば必要な栄養が摂取できる手軽なもの」としてだけ捉えられてしまうのは怖いなと思います。本当に食欲がないときや、体調が悪くて体重が落ちていくとき、あるいは会場によっては近くにコンビニもない場所もあると思うので、食事や補食を用意する環境が整わないときはうまく使っていけばいいと思うのですが、まずは選手と保護者がそれを摂取する目的と意味を理解しておくことは大事だと思います。

母親　あくまでも食事が中心ということですね。

小澤　はい。過去には、プロテインを飲んでいた選手の食事量がすごく少なかったので、プロテインを飲むのをやめてもらって、その代わりに食事と補食の量を増やしたり、内容を改善したりしたら、なかなか増えなくて悩んでいた体重が増え始めたというパターンもありました。そこではプロテインが筋肉量を増やすためではなくて、エネルギー源として使われていたのかなと思います。食事をある程度しっかりしたうえで、プロテインはあくまでそのプラスアルファだという位置づけということを忘れないでほしいです。

父親　どうしてもプロテインやサプリメントが必要ということでもないわけですね。

小澤　はい。まずは食事と補食をとって、そのうえで必要に応じて補うのが理想だと思います。小中高生の練習や試合会場の環境では、先ほども触れた食品の保管環境が気になっています。すごく暑い日に、家から持ってきたおにぎりを夕方まで衛生的に適切に保存できるのかを考えると、私の口から「持っていきましょう」とはなかなか言いにくいです。そういう場合は状況に合わせて市販のものもうまく使っていけるといいなと思っています。

朝食が大事な理由

土屋　僕は朝食をとる習慣がないのですが、子どもたちにとって朝食はやはり大事ですか。

小澤　大事です。朝食を抜いてしまうと、夕食から昼食までの時間が空くことになります。そうするとエネルギー源が不足して勉強やサッカーのパフォーマンスが落ちたり、筋肉が分解されたりする可能性が高くなります。また、１回の食事で１日に必要なエネルギーや栄養素をとることは難しくて、選手はむしろ「補食」が必要なぐらいなので、なるべく食事を分けてとるほうが効率よく吸収できますし、必要な量もとりやすくなります。

母親　うちの子どもたちも、朝、食べたがるときと食べたがらないときがあります。

小澤　朝食をとることで、エネルギーやたんぱく質などが体に入ると、それをしっかり昼食までに使うことができます。たんぱく質に関しては、1回の食事で1日分に必要なものをとったとしても、体の中で全部は使われずに尿として出ていくことも多いんです。

父親　そうなんですね。すると、朝食はたんぱく質をとるほうがいいですか?

小澤　もちろん、エネルギー源になる主食もとってほしいです。でも、たんぱく質はパンと牛乳だけだと不足してしまうので、チーズや目玉焼きをパンの上にのせるだけでも違いますよ。たんぱく質はなるべく何回かに分けてとるほうがいい栄養素のひとつです。

大槻　たんぱく質をこまめにとるほうがいいというのは知りませんでした。

小澤　そのほうが、吸収率が高いんです。たとえば学校の給食の量だと、体の大きさによっては不足してしまうこともあります。ただ、練習の直前にとると「体が重い」

と感じる人もいると思うので、家で納豆かけごはんや卵かけごはんを食べてから、練習に行くといいかもしれません。運動中に体の中でたんぱく質が分解されるとアミノ酸になるのですが、その中でもバリン、ロイシン、イソロイシンのBCAAと呼ばれるアミノ酸は筋肉のエネルギー源にもなりますし、筋疲労の予防にもなるので、練習前に炭水化物とたんぱく質を一緒にとるのはおすすめです。

「食事が楽しい」という気持ちを育むこと

大槻　小澤さんはこれまでいろいろな経験をされてきていらっしゃると思いますが、ご自身のご家庭ではどういう食生活の工夫をされているのかも気になるところです。

小澤　職業と実生活が結びつくかというと、またそれは別問題で……（笑）。私も子どもがなかなか食べてくれなくて悩んでいる親のひとりです。

母親　そういうものですか（笑）。

小澤　そういうものです（笑）。ただ、食事自体に興味を持ってもらうのも、小さいころには大事かなと思います。子どものころにできた食習慣は大人まで続くということは、いくつもの研究で証明されています。なるべく早くから子どもの食習慣を形成することは大事ですし、それはアスリートも一緒です。小学生や中学生はそこに保護者の方の影響があるということを、私は大学院で研究していました。

父親　保護者の影響は確かに大きいですよね。

小澤　そうなんです。それこそ子どもたちにとっては、親と一緒に食習慣をつくっていくことがすごく重要だということも研究でわかっています。食に関するセミナーを開いても、どうしても参加するのは子どもたちだけ、保護者の方たちだけになりがちですが、一番効果があるのはお互いが共通意識を持っていることです。

母親　確かに子どもと食習慣についてゆっくり話したことはないかもしれません。

小澤　その共通意識も年代によって違います。小学生ぐらいの年代の子はシンプルに「食事が楽しい」とか、「いろいろなものを食べるのは自分の体に大事なんだ」とか、「サッカーするためには食事が大事なんだ」ということを、自分で認識できるといいですよね。

母親　それならちゃんとコミュニケーションを取っていけば、少しずつ認識してくれそうな気がします。

小澤　中でも「食事が楽しい」という気持ちを育むことが、一番いいのかなと思います。子どもがスポーツをやっている保護者の方は、どうしても「自分が頑張らなきゃ」

と考えがちかと思います。でも、小さいころから子どもと一緒にやれることはいろいろあって、たとえば時間があるときに、好きな選手が食べているという料理を一緒につくるのもいいかもしれません。

母親　確かにそれだと食事や料理をより身近に感じるでしょうね。

小澤　食事をつくる過程を一緒に経験してもらうことは大事だと思います。特に小学校5年生や6年生ぐらいからは、「成長期をサポートする」ということが食の大きなテーマになってくると思いますし、そこで同時に自分の体に興味を持ってもらえるといいですよね。

成長期には食の意識を上げたい

大槻　成長期に食の意識を上げていくことは、非常に大事だと僕も思います。

小澤　たとえば自分で体重を毎日量る、身長も保健室でこまめに測らせてもらう、ということを続けて、自分が大きくなっていると実感できれば、食事の量を増やすことの必要性を本人も家族の方も理解できるのではないかと思います。ただ、中学生になると反抗期に入ってきて、保護者の方との会話も減ってくることが多いので、その年代にも親への感謝の気持ちを持つことや、食に対して親子で一緒に取り組むことが大事だということを、もうちょっといい形でアプローチしたいとは常々思っています。

土屋　中学生は難しいですよね。親との距離感も一気に変わってくる年代ですし。

小澤　私も中学生の選手と保護者の方に、食事サポートを一緒にすることがあるのですが、会話が多い家はどんどん食事のレベルが上がって、本人も「補食」を楽しくとれるようになっていきます。一方で、親だけが一生懸命になるパターンだと、食事の内容はどんどんよくなっても、選手本人と話したときに知識が定着していないと感じることが多く、私がサポートをやめたとたんに、それまで改善していた補食がパッタリ続かなくなることも見てきました。やはり、お互いが頑張る必要があるとは思いますね。

母親　親だけが頑張ってしまうケースは、食事に関わらず少なくないと感じています。

小澤　そう思います。高校生になると、今度はよりアスリートに近い食生活に入っていく必要があるのですが、そこまでに段階的に基礎を築くことが大事です。

大事な食習慣を早めに身につけておく

土屋　食事が気分転換になるという視点だと、たとえばスペインでは、夕食も楽しくおしゃべりしながら、2時間ぐらいかけて食べるイメージがあります。そういう食卓の雰囲気づくりみたいなことが、食生活に与える影響はどうお考えですか？

小澤　それは私も日々反省しています。自分の子どもたちにはどうしても怒ってばっかりで（笑）。もちろん雰囲気もあると思いますが、私は「5種類そろう食事の大事さ」や「補食をとることの大事さ」を早めに身につけておくほうが、のちのち楽ですし、楽しく食べられるようになると思っています。やはり高校生以降になると、いろいろな悩みが出てくるじゃないですか。

大槻　オン・ザ・ピッチでもオフ・ザ・ピッチでも大変なことが増えてきます。

小澤　私が見ていたJクラブのユースチームでも、進路のこと、プロになれるかどうか、プロになってもスタメンになれるかどうかと、ストレスがすごく増えてくる中で、食事をストレスにしてしまうと、どんどんつらい状況に陥ってしまうと思いますし、それで食生活もうまくいかなくなってしまいがちです。だからこそ、「5種類そろう食事なんて普通のことですよね」というような状態がベースにあって、そのうえで「あれも食べようかな」「これも食べようかな」と自分がセレクトすることが気分転換になるというのが理想だと思います。普段からそういう食事ができていれば、自分でちゃんと戻る道があるということなので、たまには思いきりラーメンを食べても問題ないと思いますし、そういうことが食事を楽しむコツなのかなと考えています。

母親　そのあたりも適切なバランス感覚が必要ですね。

小澤　バランス感覚は大事だと思います。でも、言われてみると、雰囲気も確かに大事ですね。楽しい会話をかわすことや、みんなで一緒に食べることも楽しいと思うので、たとえば試合が終わったあとにごほうびで好きなお店に行くのもいいですね。

土屋　絶対に楽しいと思います！

小澤　そのときも意識の高い選手であれば「外食ではとれなかった果物をとるために100パーセントオレンジジュースを食後に買って飲もう」という行動を取れるんですよ。それこそ家族で焼肉を食べに行ったあとに、食事を頑張れている選手は、副菜が少なかったからと、コンビニに寄って野菜ジュースを買ったりしているんです。「5種類そろう食事」を1日を通して自分で考えて、不足した種類を補う行動ができるようになるといいですよね。

夕食の時間と内容は

土屋　中学生ぐらいになると日々非常に忙しくて、家に帰ってくる時間も遅くなりがちだと思うのですが、夕食をとるのに適切な時間というのもあるのでしょうか？

小澤　朝起きたときに胸焼けしていなくて、また食欲があるという状態が理想ではあります。ただ、夕食が夜の10時ぐらいになってしまうこともありますよね。

土屋　あると思います。

小澤　それでも食べないと体重が減ったり、貧血など体調不良のリスクが高くなったりするので、たとえば一品で済むものを食べるのもひとつの方法です。つくるのにも胃にも負担が少なく、食べやすくて、なおかつ脂質の量が多すぎないものを考えると、いろいろな「主菜」と「副菜」の具を入れた麺やどんぶりはおすすめしています。もし練習から家に帰るまでに時間があれば、おにぎりと「牛乳・乳製品」をその間にとるとか、夕食を分けてとることもいいと思います。

母親　１回ですべてを食べなくても、分散させて食べることはできそうです。

小澤　「補食」をとるとそのあとの夕食が入らなくなる子もいるので、いろいろトライしてもらって、自分なりのスタイルができるといいですよね。ただ、できれば練習が終わって1時間以内には食事または補食をとってほしいです。使ったエネルギー源を回復させて、ダメージを受けた筋肉を補修するためで、練習や試合後すぐに栄養素を補給することで疲労回復が早まり、筋肉量を増やすのに効果的です。

身長を伸ばしたい子に必要な栄養素は

大槻　小澤さんに食生活の指導をしてもらった三菱養和の選手で、プロになった選手はかなり多いです。

小澤　三菱養和を卒団したあとに早稲田大の主将になった杉山耕二君は印象に残っています。食事や補食の量を最初はなかなかとれなかったんです。

大槻　今では立派な体格になって、ギラヴァンツ北九州でプレーしています。

小澤　杉山君のお母様から「こんなに食べないといけないんだということを知りました」という言葉をいただいたときに、「ああ、確かに」と思ったんです。高校の選手はプロ選手よりも食事量が多く必要なことがよくあるのですが、大人ではない選手がここまで食べるとは、保護者の方も選手も知らない場合が多いかもしれません。

母親　確かに、最近は長男の食べる量に驚かされることも多々あります。成長期に入ると身長を伸ばしたい子が多いと思いますが、食生活でできることはあるでしょうか。

小澤　身長を伸ばすことを考えたとき、カルシウムだけをとっていれば、骨の成長が進むわけではありません。エネルギーの量をしっかりとることが大事ですし、あとは骨の材料にもなるたんぱく質の摂取と、カルシウムの吸収を助けてくれるビタミンDなど他の栄養素の摂取も必要です。このビタミンDの不足は筋肉のけがとの関連が研究で報告されているなど、アスリートにも非常に注目されています。

母親　ビタミンDはどういう食品に含まれているのですか？

小澤　魚ときのこに多く含まれています。特に青魚と鮭ですね。魚は最近、より注目を集めている食品で、肉とは異なる脂質の構成成分になっているので、私はできれば1日1回は食べてほしいと思っています。きのこは全般に含まれていますが、干ししいたけやきくらげに多く含まれています。

母親　忙しいときだと、魚は焼くのが少し手間に感じてしまいます。

小澤　缶詰をうまく使うといいと思います。水煮は骨ごと食べられるのでカルシウムも多くとれ、トマトソースパスタに加えるのも簡単でおいしいですよ。

忘れてはいけないビタミンD

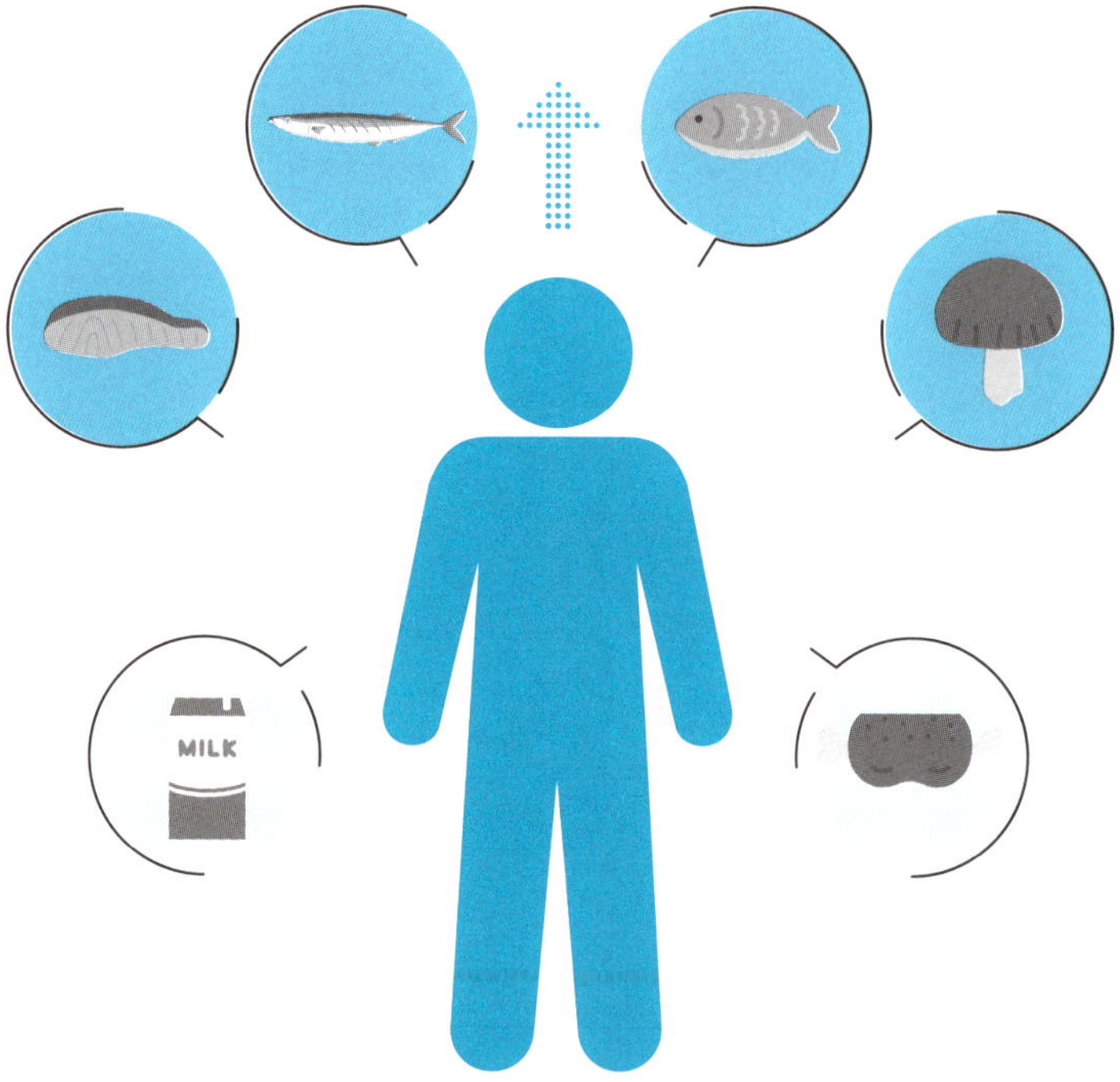

身長を伸ばし骨を強くするためには、ビタミンDを多く含む食材、鮭、さば、サンマ、きのこなどもとろう

成長期には成長するためのエネルギーが必要

土屋　小澤さんが書かれた記事を拝見したときに、「生活を送るエネルギー」と「スポーツをするエネルギー」に加えて、「成長するためのエネルギー」が必要だという記述があって、なるほどなと思いました。これは念頭に置きたい意識でしょうか？

小澤　そもそも、プロの選手の食事と成長期の選手の食事がなぜ違うかということを考えるときには、そこが重要なポイントです。**成長期の選手は「成長するためのエネルギー」がより必要**です。これは科学的かどうかは別にして、選手にわかりやすく説明する際には、「物を縦に伸ばすときには力がいるでしょ。骨を縦に伸ばすためにもエネルギーがいるんだよ」という話をすることもあります。

母親　「成長するためのエネルギー」というのは、イメージしやすいです。

小澤　筋肉量を増やすのも一緒です。今よりも摂取エネルギーを増やす食事をしないと、筋肉量は増えません。「体重を増やすこと」も「筋肉量を増やすこと」も、つまりはどちらも「成長する」ということなんです。

第４章の習慣（まとめ）

25「食事のバランスがよい」＝
「必要なエネルギーや栄養素をとれている」

26 １日の中で「主食」「主菜」「副菜」「牛乳・乳製品」「果物」の５種類をそろえる

27 子どもの食に対する習慣は、そこまでの食生活の積み重ねで変わってくる

28 小中学生は男女ともに食事量をしっかりとらないとエネルギー不足になりやすい

29 一流の日本代表選手は、どんな場所でもちゃんと食べる。コンディションが落ちないことはよい選手の条件

30「補食」を効果的にとるためにはコンビニを活用してもよい

31 朝食は大事。抜くとエネルギー源が不足して、筋肉が分解される可能性が高い

32「食事が楽しい」という気持ちを育む

第5章

スパイク選びのコツが気になります

スポーツメーカー担当者　鏑木享さんに聞く

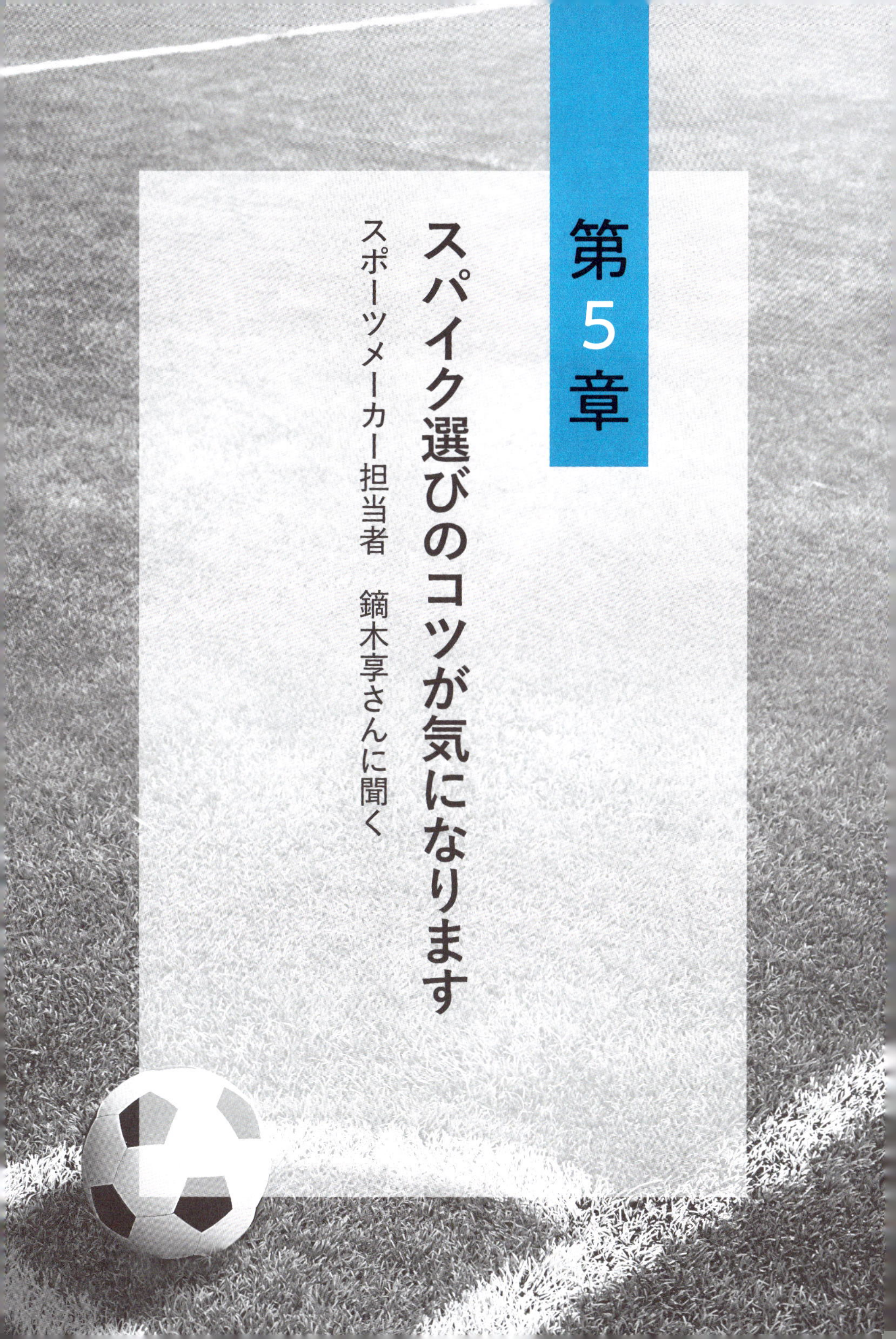

富な経験に裏打ちされた小澤さんのお話は示唆に富んでいた。やはり我々は食に対して理解しているようで、理解していないことも多い。友人の奥さんは取材以降、「5種類そろう食事」と「補食の用意」を心がけているそうだ。

それはふとした雑談の中の一コマだった。以前から友人にはよくわからなかったことがあるという。「スパイクってどうやって選べばいいの?」。もともとサッカーをやっていなかった彼にとって、スパイクは種類が多すぎて、それぞれの違いがよくわからない。結局は息子が好きなものを選んできたが、値段の高さも相まって、機会があれば「スパイクの選び方」を知りたいと思っていたようだ。

大槻さんや私(同い年の45歳!)が小中学生だったころはスパイクの選択肢自体も多くはなく、また大半のグラウンドは土だったため、用途に応じてシューズを使い分ける時代ではなかった。でも、今は人工芝のピッチが普及して、スパイクとトレーニングシューズを併用することもあるようだし、スパイク自体もさまざまな機能を謳っている。

ここで登場をお願いしたのは、大槻さんが国士舘大学サッカー部に在籍していたときの先輩だ。その人とはスピード豊かなフォワードとしてFC東京でも活躍された鏑木享さん。今はミズノ株式会社営業開発部でスパイクに関わっていると聞き、Jリーガー時代を知っている私もお会いするのが非常に楽しみだった。

スパイクとトレーニングシューズの違い

土屋　鏑木さんのことは僕ももともと存じ上げていました。Jリーガーとしてプレーしていらっしゃいましたよね。
鏑木　はい。国士舘大学を卒業して、FC東京で3年間、アルビレックス新潟で1年間プレーしていました。
大槻　僕にとっては大学時代の3学年上の先輩です。1年生のときは寮でも同じ部屋でした（笑）。
父親　それは相当濃厚な関係性ですね（笑）。
鏑木　そんな時代もありましたね（笑）。
土屋　ミズノではどういうお仕事をしていらっしゃるんですか？
鏑木　以前はミズノ契約選手や若手有望選手のサポート、現在はクラブチーム、高校、大学などのサッカーチームへの営業を行っています。
父親　そうなんですね！　お話を伺うのが楽しみです！　まず基本的なことですが、ミズノさんではどういうサッカーシューズをつくられているんですか？

鏑木　弊社では「固定式スパイク」「取替式スパイク」「トレーニングシューズ」「インドアシューズ」など、どのグラウンド環境でも選べるラインナップを用意しています。

父親　サッカーの場合はまったく何も予備知識がないと、何を履いてプレーすればいいのかわからないところもあります。

鏑木　確かにそうかもしれませんね。これは僕の経験ですが、我が家は父親も母親もサッカーをやっていなかったので、初めて買ってもらったスパイクはソフトボール用のものでした（笑）。

土屋　それは面白い！　でも、そういう親御さんもいらっしゃるでしょうね。

鏑木　そうですよね。さすがに「これじゃないよ！」とは言いましたが、結局しばらくはそれを履いていました（笑）。そもそも僕の親はそのスパイクがサッカー用なのか、ソフトボール用なのかもわからずに、もうスパイクというものをひとくくりにしていたわけです。

父親　うちも最初は似たような感じでした。スパイクと言われても、あまりピンとこなくて……。

鏑木　そういう親御さんは多いと思います。まず、サッカーのシューズは、地面をつかむようなグリップ力、滑りにくさが非常に大切です。そのため靴底の形状や材質に工夫をこらしています。大きく分けるとスパイクとトレーニングシューズに分かれますが、よりグリップ力が高いのがスパイク、足への負担が少なめなのがトレーニングシューズです。

父親　なるほど。それぞれどんなときに履くのがいいのでしょうか？

鏑木　基本的にサッカーをプレーするときは、固定式スパイクを履く場面が多いです。ミズノのスパイクは、土・人工芝・天然芝、どのグラウンドでも使用可能です。その中で、取替式スパイクを履く場面は、ぬかるんだ土グラウンドや毛足の長い天然芝になります。要するに、固定式スパイクではグリップが効きづらいグラウンドです。また、トレーニングシューズは、主に小学生が練習の際に履く場面が多いです。固定式スパイクを履いてプレーしても問題ないですが、まだまだ体ができあがっていない段階だと、練習ではトレーニングシューズ、試合では固定式スパイクといった具合に履き分けるほうが好ましいです。そして、インドアシューズは、その名の通り室内でプレーする際に履きます。

父親　そのような違いがあるのですね。

鏑木　「固定式スパイク」でいうと、ミズノはもうブレードタイプというか、「歯形」

のスパイクはほとんどありません。

父親　なぜ歯形のスパイクがなくなったんですか？

鏑木　今は人工芝のグラウンドが多いので、地面に引っかかりやすいんです。そこでケガにつながりやすくなるんですよね。歯形タイプは主に外資ブランドが天然芝専用スパイクで採用しています。これを土のグラウンドで履こうと思うと破損につながります。

父親　スパイクよりもトレーニングシューズのほうが足にやさしいイメージですが、トレーニングシューズの靴底はどんな形状なのでしょうか。スパイクともインドアシューズとも違うのですか？

鏑木　トレーニングシューズは、足に負担がかかりにくいような細かい突起、いわゆるスタッドが靴底に多く入っています。

父親　成長途中の子どもの足にもよさそうですね。

鏑木　あとはまだ靴ひもを結べないような、特に小さいお子さん向けに、「ベルクロタイプ」というマジックテープタイプのトレーニングシューズやインドアシューズもラインナップしています。

大槻　最近はベルクロタイプのシューズを履いている子も見かけますね。

グラウンドとスパイクの関係

父親　ミズノさんのスパイクは、どんな形状のグラウンドでも使えるのですね。

鏑木　弊社では「ＭＧソール」のスパイクも含め、どのスパイクも土・人工芝・天然芝とすべてのグラウンド環境で使用できるようにつくっています。どのグラウンドでも同じ感覚でプレーできますし、特定のグラウンド用に新しいシューズを買う必要もありません。これは外資系のブランドにはない、ミズノの強みのひとつになっています。本来、土のグラウンドでは、耐久性が求められます。なので、スパイクのスタッド本数を多くする必要があり、スタッド自体も耐摩耗性の材料を使う必要があります。これらの要素は、シューズの重量増につながります。天然芝グラウンドだと、土のグラウンドの真逆のイメージになります。スタッド本数は少なく、芝生に噛みやすい形状で、必要最低限の耐久性があれば問題ありません。これらがシューズの軽量化につながります。人工芝グラウンドは、耐久性と軽量性の両方の要素が求められます。

父親　軽さと耐久性の両立がポイントなのですね。

鏑木　ミズノのサッカースパイクは耐久性と軽量性を高次元で実現しています。たとえば、ベストセラーモデルのモレリアNEO IV JAPANは、約195グラム（27・0センチ／片足）という軽量性を実現しながら、土のグラウンドでも問題なく使用できる耐久性を兼ね備えています。外資ブランドの天然芝モデルと同等の軽量性を得つつ、耐久性も十分にあるというのはミズノの開発力のレベルの高さを表していると言えます。

父親　「MGソール」というのは初めて聞きました。どんなものなのですか？

鏑木　通常のスパイクに比べて、靴の裏のスタッドの本数が多く、さらにスタッドの高さも低いシューズになっています。トレーニングシューズよりもグリップ力があり、通常のスパイクよりも足にかかる負担が少ないイメージです。

土屋　スパイクとトレーニングシューズの間みたいなシューズですね。

鏑木　そんなイメージです。これもくくりとしてはスパイクになりますが、スタッドの高さが大きくは変わりません。正確に言うと、1列目から2列目・3列目にかけて段階的にスタッドの高さが上がっています。狙いとしては、前足部でボールコントロールをしやすいようにするためです。シューズによっては前のほうと後ろのほうでスタッドの高さが変わるものもあるのですが、比較するとこれは高さがほぼフラットになっています。

大槻　本当だ。足の負担が軽減されそうですね。

ソールの違い

トレーニングシューズのソール

モナルシーダNEO III SELECT Jr AS

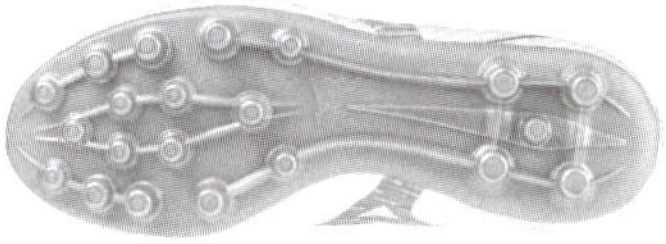

MGソール

モナルシーダNEO III SELECT Jr MG

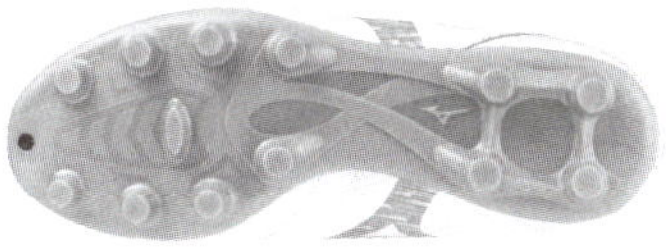

スパイクのソール

モナルシーダNEO III SELECT Jr
（固定式スパイク）

ＭＧソールは低めのスタッドが多数並ぶ。通常のスパイクより足への負担が少ない。ＭＧとはマルチグラウンドの略。マルチグラウンド対応なので人工芝でも土でも使用可。トレーニングシューズからスパイクへのステップアップとして、ジュニア年代で人工芝でプレーする選手のパフォーマンスを守るためにもおすすめ。人工芝で固定式スパイクを履いても問題ないが、グリップが効きすぎることでの身体的負荷をＭＧソールは軽減できる

鏑木　このタイプで試合に出ていたJリーグの選手もいました。靴ずれしやすい選手は、スパイクの内側を全部スエードにすることもあります。

父親　そこまでこだわる選手もいらっしゃるんですね！

ジュニア選手に向けたシューズとは

鏑木　ミズノでは「MGソール」も含めてですが、ジュニア年代の選手たちのパフォーマンスアップをサポートするため、同じアッパー設計でもソールの違うラインナップを用意しています。「ミズノのフィット感が好き」だと感じてくださる選手が、そのフィット感はキープしたままで、グラウンド環境や成長過程、つまりプレーレベルによって、シューズのクオリティも高いものへとステップアップできる形なのです。また、ジュニアに限らず、エントリーモデルでも軽量性にこだわった商品開発をしています。

父親　成長過程によって、シューズもステップアップできるんですね。

鏑木　たとえば「モナルシーダ」シリーズは、1985年に「デビューしたフラッグシップモデルの「モレリア」や、その特徴である「軽量・柔軟・素足感覚」を最新テク

モナルシーダシリーズ

トレーニングシューズ

モナルシーダNEO III SELECT Jr AS

MGソール

モナルシーダNEO III SELECT Jr MG

スパイク

モナルシーダNEO III SELECT Jr
（固定式スパイク）

アッパーは同じ設計で、ソールが異なる。
グラウンド環境やプレーレベルによって選びたい

ノロジーで表現した「モレリアネオ」のDNAを引き継いだシリーズで、履きやすいという評価をいただいています。中でも「モナルシーダNEO Ⅲ SELECT Jr」は低価格帯のエントリーモデルのスパイクで、始めてまもないお子さんなどにおすすめです。ちなみに、成長過程に合わせたシューズということで、弊社ではシリーズごとに、「SELECT」→「PRO」→「ELITE」という流れでラインナップをそろえています。シューズ選びの目安としても参考にしてみてください。

小学生は必ずしもスパイクを履く必要はない

父親 今までのお話を伺っていると、小学生はどうしてもスパイクを履かなくてはいけないわけではないんですね。

鏑木 はい。必ずしもスパイクを履く必要はありません。使用するグラウンド環境や、年代によって選び分けしていただければと思います。とりわけ小学校低学年のような、トレーニングシューズで十分にプレーできる時期は、スパイクに比べて足に負担の少ないトレーニングシューズを選んでいただくことがおすすめです。

父親 なるほど。まだ小さいうちはトレーニングシューズがいいんですね。

鏑木　はい。今は人工芝のグラウンドも多くなってきているので、スパイクに比べて足に負担の少ないトレーニングシューズでも十分ですし、あるいは「ＭＧソール」のスパイクを試していただければと思います。自分もサッカーをやっている息子がいるのですが、スパイクは履いていません。いつもトレーニングシューズでボールを蹴っています。

父親　鏑木さんのお子さんも！

鏑木　そういう子どもはたくさんいると思います。僕はオーバー40のサッカーをやっているのですが、やや足が弱ってきているので（笑）、スパイクだと少し足に負担がかかる気がしています。やっぱり子どもの足は繊細ですし、そもそも足の裏の皮もそこまで厚くはないので、負担にならないシューズを履くことが一番いいのではないかということは、今の自分が実感しています（笑）。

大槻　僕もトレーニングシューズのほうが楽だなと思うときはあります（笑）。

鏑木　そういうものですよね。個人的なおすすめを言えば、**スパイクとトレーニングシューズを１足ずつ持っておくと、うまく使い分けられるのではないでしょうか。それを練習の種類で履き分け**てもらえればいいのかなと思います。プロの選手でも走るときはスパイクからランニングシューズに履き替えますしね。

父親　ちなみに取替式のスパイクは必要ですか？

鏑木　僕の立場でこう言い切ってしまうのはおかしいかもしれませんが、そこまで必要ないのかなと（笑）。天然芝のグラウンドだと必要になるときはあるかもしれませんが、人工芝のグラウンドでは使う必要はないと思います。

土屋　僕たちのころはどこも土のグラウンドでしたが、今は人工芝のグラウンドも増えていますし、だいぶ環境は変わってきていますね。

大槻　先日僕が運営の担当をしていた小学生の試合で、グラウンドは人工芝でしたが、取替式のスパイクを履いてきた子がいました。

土屋　親御さんもおそらく、スパイクの違いがわからなかったんでしょうね。

鏑木　我が家の場合と一緒ですね（笑）。僕も昔はやっぱりスタッドを取り替えられるので、こっちのほうがいいだろうと思って、取替式のスパイクを買ったことがありました。今はミックスと言って、固定式と取替式の両方のポイントが付いているスパイク「モレリアネオ」がありますが、**弊社で取替式のスパイクというと、それを含めて3種類しか残っていません**（注：2024年12月時点）。

スパイクを買うときに知っておきたいこと

父親　実際にスパイクを購入する際に知っておいたほうがいいことを教えてください。

鏑木　まずは、店頭で試着していただくことをおすすめします。ミズノの直営店やサッカー専門店だと、最近は足型測定なども対応してくれるので、実際に自分の足のことを知っていただくことから始めてもらえればと思います。

土屋　確かに足型測定の機械は以前よりかなりいろいろなお店で見かけるようになりましたね。

鏑木　あとは特に成長期の小学生や中学生年代は、足の形状もどんどん変わるので、シューズを購入するたびに足型を計測することをおすすめします。シューズはもちろんサイズが合っていたほうがいいのですが、子どもは成長が速いので、あまりにぴったりのサイズのものを選ぶと、またすぐに買い替えることになってしまいますよね。

父親　確かに頻繁にスパイクを買い替える子も見かけます。

鏑木　はい。その一方で、何度も買い替えるのはもったいないと、大きめを選ぶ場合もあると思います。とはいえ、少し大きなものを選ぶとしても、つま先の部分に指を当てて押してみて、1センチを超える隙間があると、十分にフィットしている状態とは言えません。やっぱり実際の足のサイズから1センチ以内ぐらいの幅に収めていただかないと、なかなか足にフィットしません。特にサッカーの場合はそのスパイクでボールを蹴るので、あまりにブカブカだと地面を蹴ってしまうこともあって、ケガにつながりがちです。

父親　そう考えるとスパイクはどのぐらいの頻度で買い替えるものですか？

鏑木　一般的には、毎日使用する場合は3カ月がひとつの寿命といわれています。もちろん、一概には言えないので、スパイクの状態を確認しながら買い替えていただくことをおすすめします。スタッドがすり減るのはひとつの目安ですし、ジュニアであれば、スパイクの寿命がくる前にサイズアウトすることもあります。

インソールで調整する

父親　ものすごく根本的な話ですが、足の形は人それぞれまったく違いますよね？

鏑木　まったく違います。自分とほかの人の足の形が違うのはもちろんのこと、自分自身の左右の足でも違うんですよ。自分の足を見ていただくとわかると思いますが、

スパイクのサイズの合わせ方

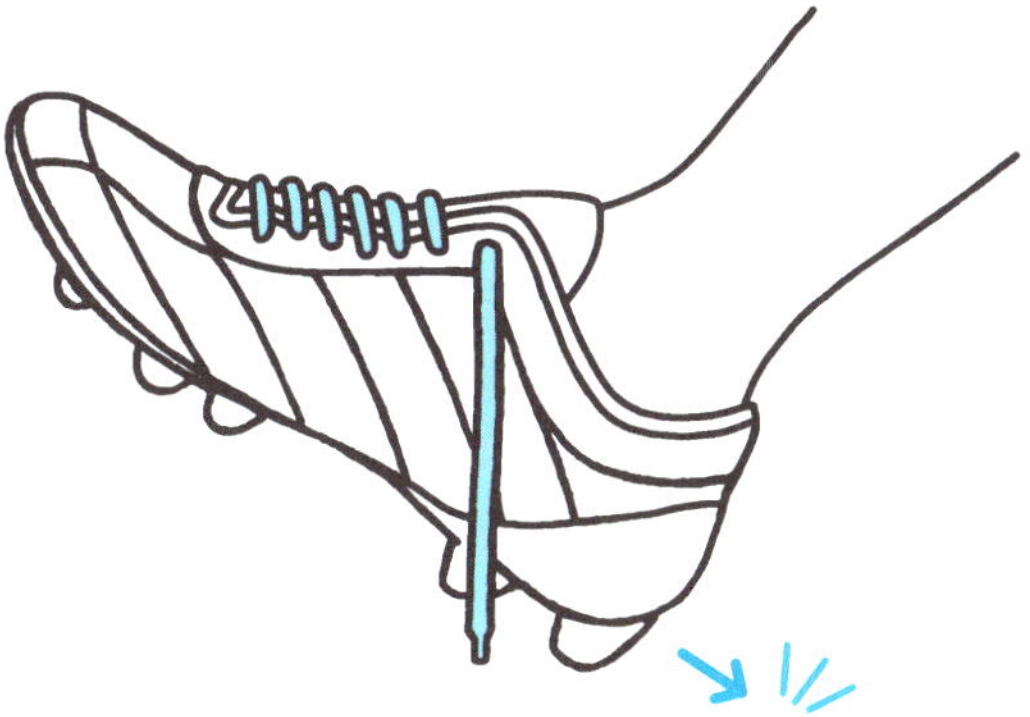

● かかとを地面にトントンとして、フィットしているか

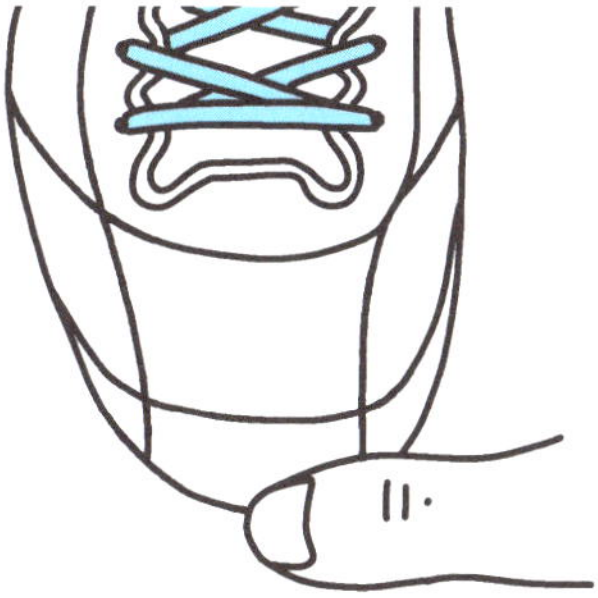

● つま先に指を当てて押したとき、隙間が１センチ以内

右足と左足のサイズがまったく同じ人はまずいません。

父親　ああ、そういうものですか！

鏑木　はい。たとえば右足のスパイクを試し履きして、26・5センチのものがぴったり合ったとしても、左足は26・5センチだと大きくて、26・0センチのもののほうがジャストに感じることはあります。

土屋　それはあまり考えたことがなかったです。

鏑木　日本代表の選手たちになると、足型を測って特注のものをつくるのですが、両足のサイズが違うことはよくありますよ。

父親　子どもで1センチぐらい両足のサイズが違う場合、結構シューズ選びが大変ですね。

鏑木　そうなんです。でも、やはり大きいほうに合わせるしかないですよね。あるいは中敷き、いわゆるインソールで調整してもらうしかないかもしれません。

大槻　ミズノは偏平足の子にも対応していますよね。

鏑木　そうですね。足にアーチがない方向けにインソールも販売していますので、お悩みの方は試してみていただきたいと思います。

大槻　ミズノは日本の会社なので、日本人の足型に合ったワイドタイプのシューズも出していますよね。

鏑木　はい。ぜひミズノショップで親御さんにもお子さんがどんな足型なのかを一緒に見てもらって、そのうえで専門のスタッフに気軽に相談しながら、そのお子さんに合ったシューズを選んでいただきたいです。

スパイク選びのチェックポイント

土屋　それこそサッカーの大会やイベントの際には、スパイクの試し履きのイベントもありますよね。

鏑木　そうなんです。子どもの大会にお邪魔して、そこにミズノのシューズを持参して、試し履きしてもらう機会をいただくこともあります。

父親　サッカーの場合のスパイクは、ボールにそのまま当たる用具ですし、選び方も大事ですね。

鏑木　はい。**スパイクの軽さやフィット感はより大事**ですよね。今のミズノだと「モレリアネオ」は天然の革で一番軽いものだと思います。

大槻　今のスパイクは我々の学生時代より軽量化されていますよね。それによるメリットとデメリットはありますか？

鏑木　メリットはやはり動きやすさが一番です。デメリットはほとんどないです。多くの選手が口をそろえて、軽量性を求めます。たとえばミズノと契約している中村憲剛さんも、軽いほうがよいタイプだったと記憶しています。

土屋　最近はスパイクの縫い方にも違いがあるんですね。

鏑木　ありますね。「ノーマルステッチ」と「クロスステッチ」といって、「クロスステッチ」は縦に糸が入っているので、革が伸びにくいんです。「ノーマルステッチ」だと横に伸びやすいので、窮屈感はないかもしれません。「クロスステッチ」のほうが縦に糸が入っているぶん、履いたときの伸びづらさは多少あると思います。

父親　スパイクのポジション的な使い分けもありますか？

鏑木　それはあると思います。やっぱりゴールキーパーやディフェンダーは、特に雨の日は滑らないようにグリップ力の強いスパイクを履きたがりますよね。とはいえ、ポジション別にスパイク開発はしていません。すべてのスパイクが、どのポジションでも対応可能です。

土屋　スパイクを履いたときの感覚は、どういうことを気にすればいいのですか？

鏑木　足で地面がつかめるような感覚になるといいとはいわれています。僕はスパイ

縫い方の違い

ノーマルステッチ

革が伸びやすいため
徐々になじませて
いくことができる

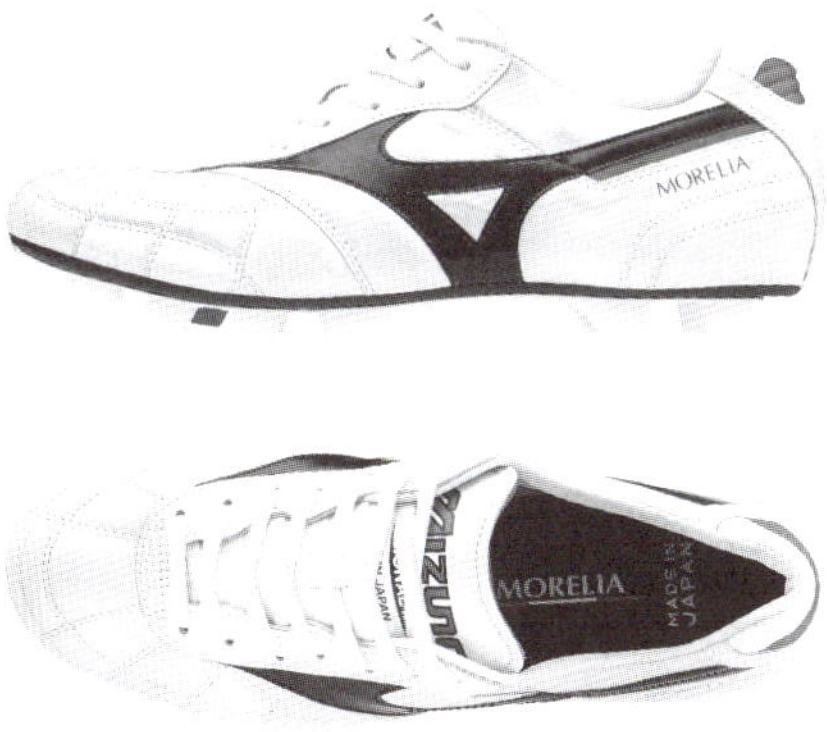

クロスステッチ

革が伸びづらいため
同じ感覚で履き続ける
ことができる

クの中で足と一体化すると少し窮屈に感じてしまって、ちょっと足がずれるというか、少し靴の中で遊びがあったほうが履きやすいですね。

父親　スパイクが曲がるというか、しなることも大事なポイントですか？

鏑木　そうですね。湾曲する動きがしなやかで軽くないと、足に必要以上に負担がかかってしまいます。個人的にはスパイク選びのときは、少し曲がるかどうかもチェックしていいと思いますよ。少しねじってみたりしてもいいかもしれません。

職人が手で革を張る、質のいいスパイク

土屋　僕は普段高校生の取材が多いのですが、ミズノさんのスパイクを履いている子が増えている気がします。

鏑木　イメージとしては本田圭佑選手が活躍したころから、子どもたちの間で人気が出てきた感じがします。今は高校選手権でもシェア調査をしているのですが、ミズノのスパイクは一番履いていただいている数字が出ています。昔よりもかなり履いていただいている実感がありますね。

大槻　やはり国産メーカーだと丁寧につくられている印象もあります。

鏑木　職人さんがつくっているので、サッカー以外にも野球のバットやグラブも質はいいですよ。ちなみにサッカーのスパイクも職人さんが革を手で張っています。そこは長年の感覚でやられているので、同じモレリアでも履いた感じが少し違うこともあります。よく選手に言われるのは、「白のシューズと黒のシューズ、感覚が違いませんか？」と。それこそ色で染めているかいないかでも、違った感覚になるみたいです。

父親　トップレベルになるとそんなところまでわかるんですね。

鏑木　プロサッカー選手は繊細ですよ。僕はそこまで気にしていませんでしたが（笑）。

唯一選べる道具を自分で手入れしてほしい

父親　スパイクの手入れは子どもたちでも自分でできるんですか？

鏑木　できますよ。自分で履くものなので、子どもであっても自分で手入れしてほしいです。

大槻　自分で手入れしようと思う姿勢が大事ですよね。

鏑木　スパイクは唯一選べる道具ですからね。正直ミズノにこだわらなくていいので（笑）、自分に合ったスパイクを見つけて、大事に使ってもらえればいいなと思います。

土屋　「スパイクは唯一選べる道具」というのはいいフレーズですね。

鏑木　我々ミズノ側が選手と契約したいときの決め台詞として、使っていた時期があったんです（笑）。

スパイクへの興味が出るまで見守る

大槻　子どもにとっては靴ひもを結ぶのも大変です。それこそ自分で結べないのに靴ひものスパイクを履いてくる子もいます。僕は保護者の方に「マジックテープの靴で構いませんよ」と言うのですが。ひもがほどけて結び直しているうちに、子ども同士が衝突しかけてしまって「危ない！」となってしまうこともあるんです。

父親　ああ、そういうこともあるんですね。

大槻　子どもたちも「僕、結べるよ！」と言って一生懸命結ぶのですが、かた結びになっていたりして、それを直している間に他の場所で〝事件〟が起こることもあります（笑）。

父親　うちの下の子どももひも靴を履くときに、一応蝶々結びにはなっていますが、そこまでうまく結べてはいないですね。

大槻　きっとスパイク自体に興味が出てくると、自分でちゃんと履きたいので、ひもも一生懸命結べるように練習して、頑張るようになるんです。親御さんが履かせたくて履かせる場合だと、子どもは嫌がってなかなか結べるようにならないケースも見かけますし、子どもが足だけ出して、親に結んでもらっているシーンを見ることもあります。普段からそういう習慣なんでしょうね。

土屋　「履かされている」ということですよね。

鏑木　うちも結構、親のほうで靴を選んでいるかもしれませんし、靴ひもを結んであげてしまうこともありますね（笑）。少し大人も我慢して、子どもが自分で靴を選んだり、ひもを結べるようになったりするのを見守ってあげることも大事ですね。

第5章の習慣（まとめ）

33 体ができあがっていない小学生は、
練習でトレーニングシューズ、
試合で固定式スパイクと履き分けてもよい

34 シューズの購入時は極力店頭で
試着することがおすすめ

35 シューズの隙間は実際の足のサイズから
１センチ以内ぐらいの幅に収める

36 スパイクはサッカーで唯一選べる道具。
子どもであっても自分で手入れする

37 大人は子どもが靴を選んだり、
ひもを結べるようになったりするのを
見守る

第6章

やる気と自信をつくるものってなんですか?

メンタルコーチ　西田明さんに聞く

ス

ピードスターだった現役時代とは対照的に、鏑木さんは穏やかにゆっくり話す人だった。スパイクの話題はサッカー経験者にとっていつでも楽しいもの。思い出話とともに最新のスパイク事情をたっぷり聞かせていただいた。

日本のサッカー界においてメンタルの重要性が叫ばれ出したのは、いつごろからだろうか。元日本代表のキャプテン・長谷部誠さんが『心を整える。』という著書を出されたことも、ひとつのきっかけになったのかもしれない。今ではヨーロッパのトップクラブもメンタルの専門家と契約し、選手たちのパフォーマンス向上を図っている。

国内でも「メンタルコーチ」と呼ばれる職業名は浸透し始めているが、実際にどういう方がその職に就き、どんな内容の仕事をされているか、広くは知られていない実感もある。そこでつてをたどって、ある「メンタルコーチ」にお会いすることになった。

西田明さん。筑波大学蹴球部でのプレー経験があり、大学卒業後は一般企業で働いていたが、あることをきっかけに心理学に興味を持ち、今ではサッカーチームや企業をメンタル面からサポートしている。

3人とも西田さんとは初対面だった。だが、優しい笑顔とともに集合場所へやってきた「メンタルコーチ」は、取材される側だったにも関わらず、丁寧な会話を重ねる中で、気づけば我々の心の扉をあっさりと開いていった。

心の状態は4つのゾーンに分けられる

父親　そもそもメンタルコーチというのはどういうお仕事ですか？

西田　前提として、メンタルとパフォーマンスには大きな関係性があることからお話しします。シンプルに言うと、心の状態は４つのゾーンに分かれていると定義します。その分類を紹介しますと、①ゾーン、②フロー、③リソースフル、④アンリソースフルとなります。順番に説明しましょう。まず、最高のパフォーマンスを出せるゾーンは、そのまま「ゾーン」です。よく「ゾーンに入る」と言いますが、それをサッカーに置き換えると、ゴールキーパーがＰＫのときに「ボールがスローモーションのように見えた」とか、シュートを打った選手が「ゴールへの道が見えた」とか言うような、超集中状態に入っているときです。そのときに神がかったようなプレーができるのが最高の心の状態です。

父親　ワールドカップのような大きな舞台に立った選手からは、そういう話を聞くことがありますね。

西田　そうですね。その再現性を高めるのが、僕らメンタルコーチの目指すところです。次のゾーンは「フロー」という状態で、流れるように体が動いたり、チーム全体が流れるようにパスがつながったりしていくようなイメージです。ディフェンスであれば、相手との適切な距離感を取ることも、足を出すタイミングも含めて、あまり考えずに体が勝手に動くような状態です。

父親 確かにその状態も見ることが多いです。

西田 チーム全体が「チームフロー」という状態になることもありますし、もっとすごいのは「フィールドフロー」といって、ベンチや応援者も含めたフィールド全体が流れるようにつながっていくことです。

土屋 スタジアムが一体になるようなイメージですね。

西田 その通りです。僕は富山出身ですが、富山第一高校の大塚一朗前監督が高校時代のひとつ上の先輩というご縁もあって、彼らが勝ち上がった高校選手権の決勝戦を見に行きました。その試合は0対2で負けていたところから、富山第一がアディショナルタイムに追いついて、スタジアムが騒然としている中、試合が延長戦に入った瞬間に、僕の目からはわけのわからない涙がとめどなくあふれてきました。そういう状態も「ゾーン」です。僕も体験したその「フィールドゾーン」や「フィールドフロー」というものは、観客までもすごい世界に入っていくんです。

土屋　あの試合は僕も会場で取材していましたが、確かにすごかったです。

西田　いろいろな過去の流れがあって、そこにひとつのドラマが体現されたときに、素晴らしい世界が待っているものです。3番目のゾーンが「リソースフル」です。自分のリソース＝持っているもの、才能や戦術、知識、経験をフルに活用するに当たって、自分がコントロールできるものに意識が向いている状態です。そして、最後のゾーンが「アンリソースフル」といって、自分がコントロールできないものに意識が向いてしまっている状態を指します。天候、グラウンド、監督やコーチの声、味方のミス、相手の強さ、審判のジャッジのようなことです。

父親　「ベクトルが外へ向く」という状態ですね。

西田　おっしゃる通りです。ただ、メンタルに4つのゾーンがあるということをほとんどの選手は知りません。

大槻　わかります。今こうやって言語化されると、感覚的にすごく理解できます。

西田　その中で、心についての知識、考え方を共有しておくと、よいパフォーマンスを再現するのに役立ちます。たとえば「自分は今、アンリソースフルな状態にいる」ということに気づくことが大事です。「オレは今のミスに対してへこんでしまっている」「またミスしたらどうしようと思っている」と気づいたときに、そこからどういう切

心の状態には4つのゾーンがある

ゾーン 超集中状態

●ボールがスローモーションで見える
●ゴールへの道が見える　など

フロー 考えることなく動ける状態

●流れるように体が動く
●流れるようにパスがつながる　など

リソースフル コントロールできることに意識が向いた状態

●才能を活かそうとする
●戦術を実践しようとする　など

アンリソースフル コントロールできないことに意識が向いた状態

●天候が気になる
●監督の声が気になる　など

り替えをして、「リソースフル」な状態に持っていくかをサポートするのが我々の仕事です。メンタルコーチと聞くと、メンタルの弱い子をサポートするというイメージがあるかもしれませんが、「ゾーン」や「フロー」、「リソースフル」の状態の再現性を高めることも重要な仕事なんです。

父親　なるほど。「４つのゾーン」の変化をサポートするイメージですね。

西田　今、切り替えの話をしましたが、その方法を以下に紹介しましょう。これらの方法を習慣化することで、選手は「アンリソースフル」な状態から素早く抜け出し、「リソースフル」な状態でプレーを続けることが可能になります。

切り替えの方法

1　深呼吸やリラクゼーション

- ミスや失点に落ち込んだとき、呼吸が浅くなっていることが多いので、まずは深呼吸を数回行い、心と体をリラックスさせることで焦りや不安を軽減します。これにより、自分の状態をリセットし、次のプレーに集中しやすくなります。

2　ポジティブなセルフトーク

●「できる、大丈夫！」「ウェルカムピンチ、メイクドラマ！」といったポジティブな言葉を自分に言い聞かせる（セルフトーク）ことで、ネガティブな感情を和らげ、「リソースフル」な状態へと切り替えます。

3　体のルーティンを使う

●試合中にミスや失点をしたとき、深呼吸とともに手を一度振り払う動作や、スパイクのひもを直すといったルーティンを行うことで、気持ちをリセットし、プレーに再び集中できるようにします。

ネガティブな「自動思考」は繰り返しやすい

西田　「自分は今のミスに対してへこんでしまっている」と気づければいいですが、人はなかなか俯瞰的に自分を見られず、「ああ、ミスしてしまった」と思うにとどまりがちです。ここで思考について考えてみましょう。たとえば「お腹が減ったな」とか「何を食べようかな？」とか「子どもたちは何をしているのかな？」とか、１日の中で人には何千回、何万回と湧き上がってくる「自動思考」というものがあります。そして、特に失点したあとに「ああ、ダメだ」と思うような、ネガティブな「自動思考」は繰り返す習性があります。

父親　それも感覚的に理解できる気がします。

西田　一度「あのヤロー！」と思ったら、そのことを１日中考えていたりしませんか？　それは「ぐるぐる思考」「反芻思考」というもので、試合中にミスをしたり、失点したりすると、ネガティブな「自動思考」がヘビーローテーションで繰り返されて、次のプレーに臨むパフォーマンスに大きな影響を与えます。失点したあとにチームが崩れる傾向にあるのは、そういうことなんです。そこで「自動思考」をポジティブなもので上書きしていくには、スキルが必要です。先ほど「切り替えの方法」をご紹介しましたが、加えて自動思考をポジティブに上書きするための具体的な方法を、小中学生でも実践できるように説明します。これらの方法を普段から取り入れて、試合中に「ぐるぐる思考」をポジティブに変える力をつけていきましょう。簡単なステップから始めることで、どんどん前向きな自分に変わっていけますよ！

自動思考をポジティブに上書きする方法

1　「セルフトーク」を決めておく

●自分を励ます「魔法の言葉」を決めておきます。たとえば、「できる、大丈夫！」や「メイクドラマ！」といった短いフレーズを試合中に使うことで、ネガティブな自動思考をストップさせることができます。

2　友だちやチームメイトと声をかけ合う

●チームメイトがミスをしたときに「次、いこう！」と声をかけてあげることで、自分も自然と前向きな気持ちになれます。お互いにポジティブな空気をつくる練習をしてみましょう。

ネガティブな思考をつくるのは

父親　もともとネガティブな思考というのは、だれしもが持っているものということですね。

西田　私はそう思います。多かれ少なかれポジティブな思考もネガティブな思考も人にはあって、どちらの思考がより多く出るのかは、それまで育ってきた中での、親や周りの大人の影響が大きいのです。少し専門的になりますが、人の心の中には「インナーチャイルド」と「インナーペアレント」がいて、自分の心の中に親をつくってしまいます。それは自分を守るためでもあるのですが、実際に親に怒られたような経験があると、「もうあんなみじめな思いはしたくない」と、親が何かを言う前に、自分の心の中の声が聞こえてくるのです。

父親 だから、「インナーペアレント」と言うんですね。

西田 はい。親の基準が子どもの中に入っている状態です。「インナーペアレント」の性質は、思春期ぐらいまでに8割ぐらいは固まって、自分の中に一生い続けるので、早めにそのことを知る必要があります。

父親 なるほど。子どもの思考に影響を与える、親の態度や言葉は重要ですね。特に、子どもがネガティブな思考になることも、親の影響が大きいということですね。

西田 そうですね。ネガティブな自動思考に親や周りの大人の影響が大きい理由を、インナーペアレントとの関連でもう少し詳しく説明しましょう。

インナーペアレントとは?

●インナーペアレントは、成長過程で親や周囲の人人が何気なく言った言葉や態度を、自分の心の中に内在化したものです。自分の心の中に「親の声」ができて、自分を評価したり、叱ったりするようになります。なぜなら、子どもは親や周りの大人に愛されたいからです。

● 特に、０歳から7歳ぐらいまでは、子どもの心が親の言動をそのまま吸収しやすい時期とされています。この頃に繰り返し受ける親や周囲の大人からのメッセージが、インナーペアレントの基盤となります。

インナーペアレントは次の２つの側面を持つことがあります。

1　批判的なインナーペアレント

○ 自己批判や過剰な厳しさを生み出し、「もっと頑張らなければ」「失敗してはいけない」といったプレッシャーをかけます。

2　養育的なインナーペアレント

○ 自分を優しく受け入れ、慰めたり励ましたりする役割を担います。

「批判的なインナーペアレント」は、大人になってからも無意識のうちに私たちの行動に影響を与えています。ここでは、よく見られる批判的なインナーペアレントを5つご紹介します。

批判的なインナーペアレントの具体例

1　完全であれ

［ちょっとしたミスや叱責が気になり、いつまでも引きずってしまう。チャレンジできない］

幼少期にミスや失敗を責められた経験が多いと、「完璧でなければならない」という思い込みを抱きがちです。この声は、新しいことへの挑戦を妨げ、自分を過剰に責める原因となります。

2　相手を喜ばせろ

［嫌なことでも断れない］

幼いころ、親の顔色をうかがいながら、不機嫌な様子を見てきた経験が多いと、他人を喜ばせることが最優先になりがちです。この声は、自分の意見を言えず、無理をしてしまう原因となります。

3
急げ
［いつもイライラしている］

幼少期に「早くしなさい」と繰り返し言われた経験が多いと、常に時間に追われ、焦りを感じやすくなります。この声は、リラックスできない状況を生み、心身の疲労を招きます。

4
強くあれ
［自分の弱みを見せられない。正しさばかり主張してしまう］

「泣いてはいけない」「強い子でいなさい」と言われ続けた経験があると、自分の弱さを隠し、正しさを主張しがちです。この声は、心の余裕を失わせ、他者との共感が難しくなることがあります。

5　一生懸命やれ

「自分のやりたいことが見つからない。ゆっくりできない、ワーカホリック」

「怠けてはいけない」と怒られた経験が多いと、常に何かに追われているような感覚になります。この声は、休むことに罪悪感を抱き、心身ともに疲弊する原因になります。

これらの批判的なインナーペアレントを見つめ直し、より柔軟な考え方を身につけることで、心の負担を軽くし、よりよい選択ができるようになります。

養育的なインナーペアレントに変えるための親の関わり

養育的なインナーペアレントを育むためには、子ども時代の親や周りの大人との関わりが大きな影響を与えます。親や周りの大人がどのように関わるかによって、子どもの心の中に形成される「インナーペアレント」が、批判的なものになるのか、それとも養育的で優しいものになるのかが決まります。ここでは、養育的なインナーペアレントを育むための、親や周りの大人の具体的な関わり方を6つ説明します。

1

無条件の愛を伝える

親が子どもに対して無条件の愛を示すことは、養育的なインナーペアレントを形成する基本となります。子どもが何をしても愛されていると感じることで、自分を大切にする感覚が育まれます。

具体例●「あなたが頑張っても、うまくいかなくても、いつも愛しているよ」と言葉にして伝える。

2

ミスや失敗を受け入れる

子どもが失敗したとき、親が厳しく叱責するのではなく、その失敗を受け入れ、励ますことが重要です。これにより、子どもは「失敗しても大丈夫だ」と感じ、自己肯定感が高まります。

具体例●「失敗してもいいんだよ。次に活かせばいいからね」と優しく声をかける。

3 感情を受け止める

子どもが悲しみや怒り、不安などの感情を表現したときに、それを否定せずに受け止めることで、子どもは自分の感情を尊重できるようになります。これが、養育的なインナーペアレントの形成につながります。

具体例●「悲しかったんだね。その気持ち、よくわかるよ」と共感の言葉をかける。

4 子どものペースを尊重する

親が子どもに「急ぎなさい」「もっと頑張りなさい」とプレッシャ

ーをかけすぎると、子どもは自分のペースを無視してしまいます。
逆に、子どものペースを尊重し、焦らず見守ることで、安心感と自己信頼が育ちます。

具体例●「あなたのペースでやっていいよ」と伝え、焦らせずに見守る。

5　ポジティブなフィードバックを与える

子どもの努力や達成をほめることは、子どもが自己評価を高める助けとなります。ただし、結果だけでなく、過程や努力そのものを認めることが大切です。

具体例●「結果はどうあれ、一生懸命やったね。それが本当に素晴らしいよ」と努力を認める。

6　自己表現を奨励する

子どもが自分の考えや気持ちを自由に表現できる環境をつくること

で、自分を大切にし、他人との健全な関係を築く力が育ちます。
具体例●「あなたの考えを聞かせて」と問いかけ、意見や感情を尊重する。

まとめ

養育的なインナーペアレントを育むためには、親が子どもの存在そのものを尊重し、無条件の愛を示し、失敗や感情を受け入れることが重要です。これらの関わりが、子どもに「自分は価値のある存在だ」「どんな自分でも大丈夫」と感じさせ、心の中に優しいインナーペアレントを形成します。親が意識的にこうした接し方をすることで、子どもは健全な自己愛と自己信頼を育みます。

親の言葉が子どもの「インナーペアレント」の性質を決める

西田　僕は世界で活躍するアスリートや経営者に対しても、親にどう育てられたかを聞いていています。そこで大事なのは「見張り」ではなくて「見守り」なんです。

土屋　『「見張り」ではなくて「見守り」』というのは、わかりやすいキーフレーズですね。

西田　世界80か国ぐらいでビジネスを展開している人と話をしたときに、「小さいころはお母さんになんて言われていたの？」と聞いたら、「世界中の人があなたの敵になっても、私だけはあなたの味方だからね」「あなたは大器晩成だからね」「失敗してもいいからなんでもチャレンジしてみなさい」という3つのワードを今でも覚えていると話していました。つまりは何回も失敗はしているのだけれど、どんどん何回もチャレンジできる「養育的なインナーペアレント」が自分の心の中にいるわけです。

父親　それは非常に心強い味方ですね。

西田　「オレには何があっても信じてくれる人がいるんだ」「オレは大器晩成だ」「オレは失敗してもどんどんチャレンジしていいんだ」という3つが見事にハマっている

ぶん、失敗もしている一方で、どんどんチャレンジできるので、そこまでの仕事を成し遂げられるわけです。その人に「今のチャレンジはなんですか？」と聞いたら、「世界平和です」と話していました。今は「世界から戦争をなくしたい」と言って、実際に各国の政府に働きかけているそうです。

父親　そんなことまでされている方なんですね。

西田　人の能力にそこまでの大きな違いはありません。その中で自分の才能を発揮できるのは「インナーペアレント」の存在が大きくて、それを形づくるのには親や周りの大人の関わり方がすごく大事だという、いい事例です。

土屋　西田さんのブログを拝見したときに、「肯定的なフィードバックをしてあげることが大事だ」と書かれていたのが印象的だったのですが、それも今のお話につながるでしょうか？

西田　つながりますよ。「肯定的なフィードバック」もそうですし、本人以上に本人のことを信じてあげるという親や周りの大人のあり方がすごく大事です。

大槻　いい選手になっていく子の親が持っている共通点として、子どものやっていることに対して一生懸命応援するけれど、実際はそれを自分も楽しんでいることが挙げられると思います。

西田　僕自身もメンタルが弱い人間で、大事な試合になると、思うようなパフォーマンスが発揮できないタイプでした。自分の中に「失敗したらどうするの？」という「インナーペアレント」が住んでいたんですね。僕はそういうことを知らずに50歳ぐらいまで生きてきたので、みなさんには早い段階で知ってもらったほうが、人生がもっと楽になると思っています。

水平比較より垂直比較を

父親　中学生ぐらいだと自分のクラスでの立ち位置やキャラクターに悩むことも増えてきますよね。

西田　そのころから「比較」が出てきます。第二次成長期なので、同じ学年でも成長の早い子と遅い子が出てきますが、「比較」にも「水平比較」と「垂直比較」があって、どうしても誰かと比べる「水平比較」になりがちです。一方で、「昨日の自分よりちょっとでも成長しよう」というのが「垂直比較」。「1カ月前よりも、これができるようになったね」とほめてあげるような関わり方を周りの大人がしてあげると、子どもにも「垂直比較」のくせがつくと思います。

父親　大人でもそこはどうしても「水平比較」になりがちですね。

西田　そう思います。「あの子はできているのに……」と言うほうがコントロールしやすいんです。ただ、それでは子どもの能力を引き出しづらいのです。やる気の話と関係します。「外発的動機づけ」「内発的動機づけ」という言葉を聞いたことがありますか？　外からの要因でやる気になるのが「外発的動機づけ」、自分の中にやる気の要因があるのが「内発的動機づけ」です。さて、どちらのほうがより能力が発揮され、持続性があるでしょうか。それは、後者のほうが圧倒的に高い能力を発揮できるうえに、持続性にも長けています。なので、ほかの人と比較して、できないから叱責するといった外的コントロールをされた子どもの潜在能力が、仮に6段階あった場合、3段階ぐらいまでは行けても、それ以上のところまではなかなか行きづらいと思います。外発的動機づけは「賞味期限」も短いので、ずっと言い続けなくてはいけませんし、それもだんだん効かなくなっていきます。

大槻　「賞味期限」のお話はよくわかります。そのやり方で子どものやる気が持続しないケースは何度も見てきました。

西田　そっちのほうの罠にかかってしまうと、もっと強い刺激を与えるために、常に比較し続けたり怒り続けたりすることにもなりかねません。

外発的動機づけと内発的動機づけ

外発的動機づけ

社会的評価
周囲からの
期待や称賛

叱責
「あの子はできているのに」
という比較や叱責

報酬
賞状やトロフィーなどの
具体的なごほうび

内発的動機づけ

楽しさ
サッカーそのものが楽しいという喜び

達成感
昨日より成長したと感じる達成感

挑戦心
新しいスキルを習得したいという挑戦する心

内発的動機づけは、長期的なやる気や成長に効果的。しかし、状況に応じて外発的動機づけも取り入れることが、モチベーションの持続に役立つ。たとえば、適切な叱責やごほうび、期待や称賛は短期的な目標達成や行動の強化に効果がある

やる気を引き出すには

大槻　そうやってサッカーを続けてきた子が、中学生になってプツンと切れてしまうことが多いです。バーンアウトのような状態ですね。

西田　メンタルコーチは基本的に縦の関係ではなく、横の関係をつくりたいと思っています。監督やコーチに言えないことも話してもらいたいので、子どもたちにも「明さん」と呼んでもらっていますし、本音で話しやすいような関係づくりをしています。子どもたちには「今までサッカーをやってきた中で、一番うれしかった試合を教えて」と聞くこともあります。さらに「その中で最高にうれしかったシーンを教えて」と聞いたときに、その子から出てきた答えが、その子にとってサッカーをやっている目的なんです。

父親　本人の中から出てきた答えが、目的とイコールになるんですね。

西田　そのシーンをありありと思い出してもらって、「そうだよね。そういうときがあったよね」と促すと、それを再体験したくなるはずです。「じゃあそれをまた味わうためには、どうしたらいいと思う？」というような問いかけをして、自分の中のモチベーションを引き出していきます。

父親　たとえば小学生の子どもを持つ親にとって、子どもが「内発的動機づけ」から行動できるようにサポートするためには、どういうことができるでしょうか？

西田　そもそもボールを追いかけて、蹴って、ゴールに入れるのはみんなが好きですよね。とにかくそこを認めてあげることです。僕は「アドラー心理学」をベースに、『原因思考』ではなく、『目的思考』になりましょう」という考え方を持っています。「原因思考」は多くの人がやりがちで、「なぜうまくいかなかったの？」「なんでああいう動きをしたの？」という言い方に代表されるような「ＷＨＹ」の思考です。機械や車であれば、故障したときにどこが悪いのか、どこにトラブルがあるのかをつきとめて、部品を交換すれば直ります。ただ、人間の場合はそこをつきとめても、部品交換はできないので、解決策になりません。

父親　非常にわかりやすいお話です。

西田　だから、大事なのは「どうやったらうまくいくと思う？」「どうやったら点が入ると思う？」という目的思考の「ＨＯＷ」なんです。たとえばメッシはミスをしても、すぐに「次にどうやったら点を入れられるだろう？」というセルフトークを繰り返していると聞きました。

目的思考のすすめ

原因思考

WHY　なぜミスが起こるのか？

目的思考

HOW　どうしたらうまくいくのか？

大槻　ポジティブな思考への変換ということですね。

西田　その通りです。親や指導者はつい「こうやったほうがいいよ」と指導しがちです。そうではなくて「どうやったら相手を抜けると思う?」「どうやったら相手からボールを奪えると思う?」という問いかけをすることで、子どもの「内発的動機づけ」を引き出してほしいところです。

教えすぎの弊害

父親　子どもが自分で考える余地をつくってあげることは、どんなケースでも大事だと実感している最中です。

西田　教えたい気持ちを抑えるのは大変ですよ。大人は教えたくなるものですから(笑)。

大槻　そこは指導者の陥りがちなところだと思います。一方で今の子は多くの情報を持っているので、理屈が先にくる傾向もあります。自分で動き出せないというか、「待ち」の状態が多いなと感じることもあります。

西田　今は教えすぎの問題もあります。日本のサッカーレベルも高くなってきている一方で、個性的な子が少なくなっています。僕が大学生のころは個性的な選手ばかりで、その選手のところにボールが行くと、「次は何をしてくれるんだろう？」とわくわくしていました。今はある程度の知識とスキルはあるのですが、わくわくするプレーヤーが少なくなっている現状があって、「個性的な選手を育てるにはどうしたらいいのか？」という課題にはJリーグのアカデミーも直面しています。そこで指導者の意識改革が必要になってきている中で、ビジャレアルの佐伯夕利子さんが『教えないスキル』という本を出されました。

土屋　「教えないスキル」というのは非常に興味があります。

西田　面白いフレーズですよね。指導者がボードを使って詳しく戦術を説明したり、試合中に「そのプレーはなんだ！」と言ったりするところから、ハーフタイムも選手同士でミーティングをするようなカルチャーに変わっていくことで、どんどんいい選手が出てきて、クラブも変わっていったというのがビジャレアルの例です。それは、ひとつのモデルケースになっています。

父親　今の時代のほうが以前より圧倒的に情報も多く、指導者が指導スキルを磨く機会も増えているはずなのに、以前よりわくわくする選手が出てきづらくなっているというのは、皮肉な気がしてしまいます。

西田　そこに対する僕の仮説は「自己肯定感」が関係しているというものです。過保護な親、過干渉なコーチが、実はその選手の「自己肯定感」を高めることを阻害していると考えています。なぜなら、個性的であると周りから何か言われてしまうからです。我々が子どものころは親も忙しかったので、そもそも干渉する時間がそこまでなかったですし、中学生以上になったら親が試合を見に来ることも多くなかったと思います。ただ、今は子どもが高校生や大学生になっても、その子の試合を親が熱心に見に来るケースを多く目にします。

自己肯定感の高め方

大槻　子どもの「自己肯定感」を高めるために、家庭でできるアプローチについてはどうお考えですか？

西田　承認してあげることだと思います。ベースは「あなたのことはあなた以上に信じているよ」という声かけですね。たとえば今の親は子どもが学校へ行く前に、その日の降水確率を伝える傾向があります。「今日は50パーセントだから傘を持っていきなさい」とか「雨でカリキュラムが変わるけど、ちゃんとこれは持ったの？」とか、細かいことを言いすぎるのです。サッカーの試合であれば「ストッキング持った？」「スネ当て持った？」というように（笑）。

父親　うちもそういうことを言いがちです（笑）。

西田　失敗させればいいんですよ。その経験から学んでいけばいいんですから。「失敗させたくないから、前もっていろいろやっておこう」という親を、我々は「カーリングペアレント」と呼んでいます。

父親　「カーリングペアレント」というのは非常にイメージしやすいフレーズですね！

西田　カーリングで、障害となるものをかきだすように、失敗させないように障害を取り除いていくと、結果的に「自己肯定感」は下がります。それはすなわち自我の確立を阻害していることにもなりますし、「上手にできたら愛されるんだ」「失敗したら愛されないんだ」という条件付きの愛で育つことになるからです。

大槻　ああ、確かにそれは「条件付きの愛」ですね。

西田　アドラーは「子どもの潜在能力を最大化させるためには、そばにいる人の影響が一番大きい」と言っています。また、21世紀の心理学に大きな影響を与えたひとりだといわれている、カール・ロジャースというアメリカの心理学者は「中核3条件」というものを提唱しています。それは具体的に言うと「大事なのはそばにいる人のや

カーリングペアレント

失敗しないように障害を取り除くと、自己肯定感は下がる

り方ではなく、あり方だ」という考え方です。

父親　3つの条件、非常に気になります。

西田　ひとつは「無条件の肯定的な関心」です。「これができたらほめてあげるけど、これができなかったらもう知らないわよ」という条件付きではなく、「無条件であなたのことは応援するよ」という姿勢のことです。もちろんそれは甘やかすこととは違いますよ。愛を持って、ダメなものはダメだと言うことは大事です。

父親　わかりやすいお話です。

西田　もうひとつは「共感的理解」で、相手の気持ちに、相手の目線で共感することです。「今日悔しかったね」でも「今日は勝ってうれしかったね」でもいいと思います。「なんであんなところで、あんなことをやっちゃったの？」とネガティブなことを言うのではなく、相手に共感するだけでいいという考え方です。

大槻　共感の大事さは、大人同士の関係性でも感じることが多いです。

西田　そうですよね。最後は「自己一致」です。ここで大事にしてほしいのは、表面的な言葉ではなく、本音で話すことです。「おとうさんから見たら、オマエはこの間の試合よりよくなっていたと思うよ」などと、自分の目線で、本音ベースで伝えるイメージです。

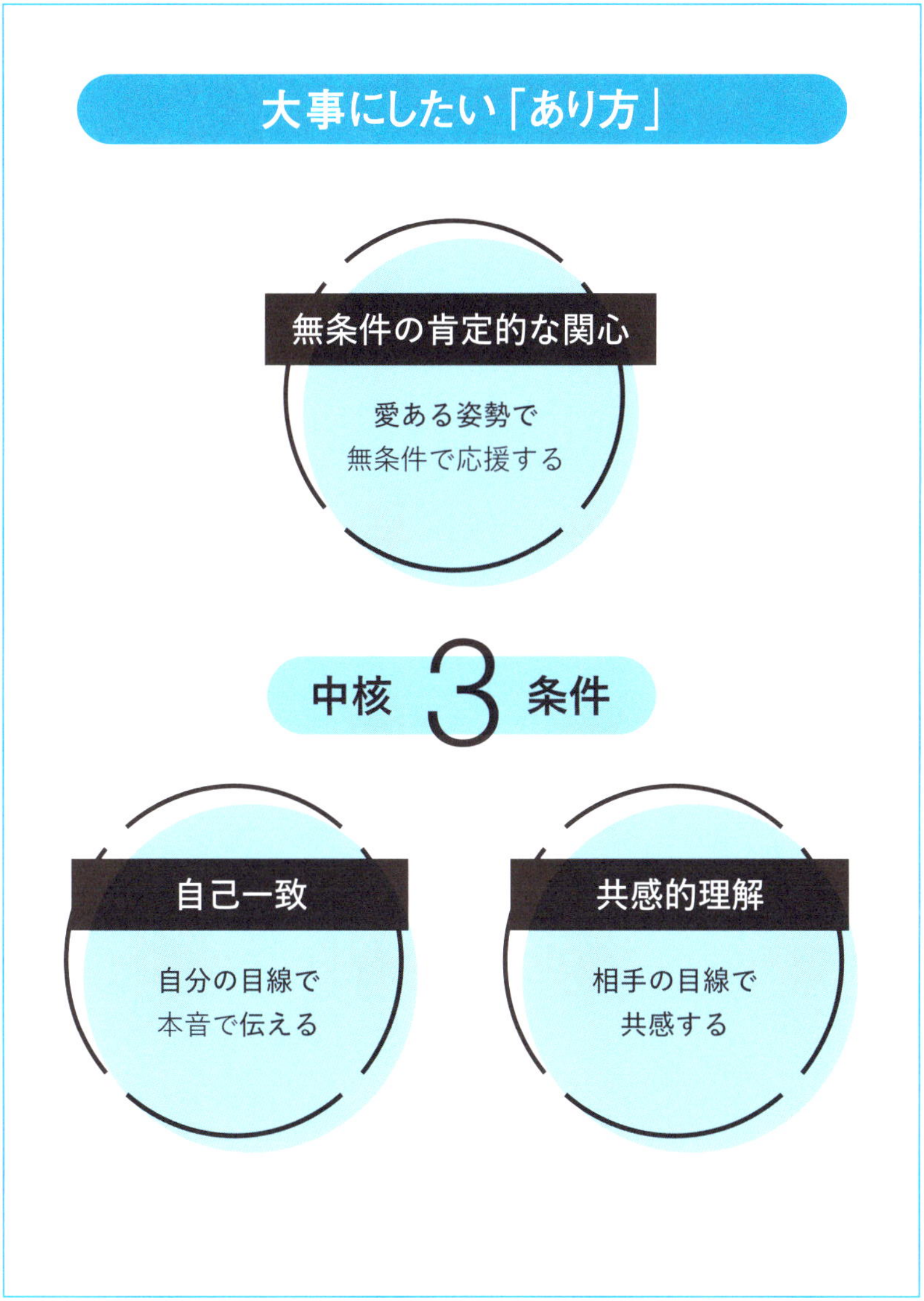
大事にしたい「あり方」
無条件の肯定的な関心
愛ある姿勢で
無条件で応援する
中核3条件
自己一致
自分の目線で
本音で伝える
共感的理解
相手の目線で
共感する

父親　それは大人の側も子どもをしっかり見ていることが求められますね。

西田　その3つが子どもの潜在能力を伸ばすためには必要で、つまりはなんでも言える存在がそばにいることがすごく大事なんです。僕たちメンタルコーチは、その「中核3条件」を意識的に身につけようと思っていますし、腕のいいメンタルコーチはそういうことが無意識にできているので、ちゃんとした空気感があるんです。

「中核3条件」のもと、自己肯定感が高くなる

父親　確かにメンタルコーチだけに限らず、おっしゃるような空気感を持っている大人はいますよね。

西田　はい。名将といわれているような方々は、「中核3条件」が無意識のうちに育っているのだと思います。熊本県立大津高校の平岡（和徳テクニカルアドバイザー）は、僕の大学時代の同期なのですが、やはり若いころから「中核3条件」がそろっていました。彼はお父さんが校長先生で、素晴らしい教育者だと聞いています。そのもとで育っているので、ベースが培われたのでしょう。そのうえで、いろいろなことを勉強しているため、引き出しの数がものすごく多いです。

土屋　平岡先生とお話しさせてもらうと、まさにそういう指導者だということがよくわかります。

西田　伸びていった選手に親御さんの話を聞くと、多くの選手が「見守ってくれていた」と言います。それは「無条件の肯定的な関心」「共感的理解」「自己一致」を体現できている親に育てられているのだろうなと。そこは共通していると思います。今の筑波大学を率いている小井土正亮監督もそういう方ですね。

土屋　わかります。物腰も柔らかくて、あまりサッカーの監督というイメージはないかもしれません。

西田　勝ち負けにまったくこだわっていないんです。やはりご両親が素晴らしい方だと聞きました。

土屋　西田さんは三笘薫選手（ブライトン／イングランド）のご両親についても、ご自身のブログで触れていらっしゃいましたね。

西田　はい。三笘薫選手の著書『VISION　夢を叶える逆算思考』によると、三笘家は「ほめる教育法」だったそうです。日本では一般的な「減点式」の教育法ではなく、よかったところをほめてくれる「加点式」の教育法が、三笘薫選手を大きく成長させたそうです。

課題の分離をする

父親 子どもにはつい口を出したくなってしまいます。

西田 自分の思い通りにコントロールしたくなるんです。そこを手放す勇気が必要ですね。

大槻 最近はサッカー経験者の親御さんも増えてきて、あれこれ口を出す方が増えてきている実感があります。おとうさんおかあさんの熱量がものすごいんですよ。「戦え！」という言葉もよく聞きます。

西田 保護者の教育も必要かもしれません。僕もサッカーをしていた息子がいますが、彼が育ったクラブの代表は「応援したい気持ちはわかりますが、できるだけ見守ってください」というスタンスでした。「プレーに関してはコーチがちゃんと指導するので、おとうさんおかあさんたちは指導しないでくださいね」と最初に話がありましたね。

父親 指導者との関係性について、保護者が念頭に置いたほうがいいことはあるでしょうか？

西田 これもアドラーが言っていることで、「課題の分離」というキーワードがあります。「その課題は誰の課題なんだ？」というものには境界線があって、それを飛び越えるとお互いの課題があいまいになってしまうという考え方です。たとえば自分の子どもに対して「その動き方はどうなの？」という疑問があったとしたら、それはコーチの課題です。親の課題ではありません。コーチの立場からすれば「それは私の課題なので、親は自分の課題に集中してください」ということです。一方、親の課題は、たとえば「栄養バランスのとれた食事をつくる」こと。そして「洗濯物をちゃんと出す」ことは、子どもの課題です。このように、課題を仕分けすることで、それぞれが自分の役割に専念できます。とはいえ、親はついついコーチの課題に踏み込みますし、子どもの課題にも踏み込んでしまいます。

父親　自分も含めてですが、子どもの課題に踏み込む親は多そうですね。

西田　そこで、課題の仕分けが必要になります。どれが誰の課題かを見極めるポイントは、「それをそのまま放っておいたら一番困る人は誰か？」という視点です。一番困る人が、その課題を解決するべき人ということです。

父親　確かにそうなりますね。

西田　それで「ああ、一番困るのは息子だから、これは息子の課題だな」と仕分けをしていくんです。たとえば、子どもに「サッカーの練習をさぼりがち」という課題があったときに、どうしても「練習しろ」と言いたくなるのですが、「それを放っておいたら、誰が一番困るんですか?」という問いかけをすると、本人が一番困りますよね。

父親　間違いありません。

西田　そのときの関わり方としては、「ああしなさい」「こうしなさい」ではなく、「このままいったらどうなる?」という問いかけをしてあげればいいのです。ここでアドラーは「ほめるでもなく、叱るでもなく、結末からの学習をさせなさい」と言っています。「このままいったら、最悪どうなるの?」という結末から逆算してみようと。たとえば「洗濯物や弁当箱を出さないと、どうなるの?」ということですよね。僕も今は保護者のサポートをするときに、「家でルールを決めてください」という話をしています。「ここまでに洗濯物を出さなかったら、お母さんは洗濯しないよ」とか、「ここまでに食器を片づけなかったら、お母さんは洗わないよ」というような基準を最初に設けておいて、そのルールに従って行動してくださいとも話しています。

大槻　我々指導者が親御さんに「『勉強しろ』って言ってください」と言われることもあります(笑)。

西田　「勉強すること」は子どもの課題ですね(笑)。また、「見守る」ということと「甘やかす」ということは違います。もちろんしつけも大事ですし、自分を律する力をサッカーを通して身につけることも重要なので、保護者の方がまずは家庭でルールを決めることが大切です。

土屋　そこがあらゆることのベースですね。

西田　礼儀やあいさつは家庭の中の課題です。たとえばごはんのときには全員がそろって「いただきます」を言うとか、靴はちゃんとそろえるとか。「それはうちのルールだから守ってね」と言ってしまえばいいんです。そのルールはご夫婦で話し合ってほしいですね。僕は3年ぐらい前から、保護者向けのメンタルコーチ育成講座をやっていますが、「課題の分離」の話が、一番みなさんに興味を持っていただけます。

大槻　わかる気がします。僕も「課題の分離」という考え方は「目から鱗」でした。

土屋　その言葉を知っているだけで、考え方が整理されますね。

西田　「課題の分離」という概念を共通理解として持っていれば、その共通言語を使って、「それは誰の課題ですか？」と聞くことができます。そうするとケンカにもなりません。

大槻　早速使ってみます（笑）。今は「学校や勉強の問題」「食事の問題」と指導者に委ねられることが少なくありませんが、こちらも情報を与えすぎなのかもしれません。

「課題の分離」の例

役割	課題の例
指導者	● 動きの指導 ● 技術の指導 ● 戦術の策定と指導
保護者	● 食事をつくる ● 生活リズムの管理 ● 家庭のルールづくり
子ども	● 洗濯物を出す ● 勉強する ● 練習用具や試合の準備

家庭における課題の分離の考え方

指導者の課題● 技術的な指導やプレーに関することは、指導者が責任を持つ。親はそこに口を出さず、信頼して任せることが大切

保護者の課題● 子どもの健康管理や生活環境の整備は保護者の役割。たとえば、食事を用意する、睡眠時間を確保するなど、子どもが安心して成長できる基盤をつくるのが保護者の課題

子どもの課題● 自分の身のまわりのことを管理する力を育てることが子どもの課題。たとえば、洗濯物を出す、勉強するなど、自分の責任で行うべきことを通じて自立心を養う

見張りではなく見守りを

西田　課題の分離には、ひとつ注意点があります。その課題が子どもの課題だとしても、突き放していいわけではありません。課題そのものは子どもの課題だけれど、それに伴走するかどうかは、親の課題でもありますし、コーチの課題でもあるわけです。ただ、その伴走の仕方を適切にしなくてはいけません。小学生ぐらいまではある程度見張っていてもいいと思いますが、心配でも少しずつ、少しずつ、見守る方向に移行することが大切です。そうでないと、子どもが大学生になっても見張ってしまうことになりかねません。そういう親はきっとその子が社会人になっても見張り続けているでしょう。

父親　そんな気がしますね。

西田　高学歴を誇っている親ほど、自分の成功体験を子どもにも再現させようとコントロールする傾向があります。そうすると子どもは非常に息苦しくなってしまいますし、あまりにも親が立派だと、劣等感を持ちやすくなることもあります。やはり親はある程度、子どもの課題に踏み込まない配慮をしてあげたうえで、「その子らしさ」

を出してあげてほしいなと思います。

大槻　今の子どもたちを見ていても、サッカーをサッカーのことだけで解決しようとすると、サッカーがうまくならないと思います。

西田　私もそう思います。筑波大学の小井土監督はサッカーを一生懸命やっている子に対して、「オマエからサッカーを取ったら、何が残るの？」という質問をしているそうです。そこでちゃんと答えられるように育てていくことが、指導者にとっても、親にとっても、大事なのではないでしょうか。

父親　それは親としても非常に響く言葉です。

人生の「前半の課題」と「後半の課題」

西田　これも保護者の講座では受けのいい話ですが（笑）、人生には「前半の課題」と「後半の課題」があるとされています。

父親　もうそれをお聞きするだけで面白そうですね（笑）。

西田　それはユング博士が言っていた言葉だと記憶しています。「前半の課題」は「自我の確立」で、「後半の課題」は「自己実現」だと。最終的に人間は「自己実現」を目指して生まれてきたという考え方です。「自己実現」というのは、自分の持っている才能を活かしていくことで、そのために好きなこと、嫌いなこと、得意なこと、苦手なことを理解するのが「自我の確立」です。

父親　「自我の確立」は特に中学生が直面する課題ですね。

西田　自分はどういう人間なのかを理解することは「自己概念」「自己認識」といわれていますが、要は「何が好きで何が得意か」を知るということです。そのためには、たくさんのチャレンジをして、たくさんの失敗もして、「これはできるんだ」「これはできないんだ」ということを経験しないといけません。それを育成年代のうちにできるだけたくさん体験させてあげることによって、本人の「自己認識」が進んでいきます。そのうえで、自分はこれが好きでこれが得意だから、これをやっていこうということが見つかるわけです。それは職業にしてもいいですし、趣味としてライフワークにしてもいいんです。

父親　それが職業になるのは素敵なことですね。

西田　楽しくて、好きで、得意なことを仕事にして、人の役にも立てるということが、これから重要な時代に入っていきます。なぜなら誰でもできる仕事はＡＩがやってくれるようになるからです。だから、自分のユニークな才能、自分にしかできないこと

人生の目標
人生
前半の課題
自我の確立
好き、嫌い、得意、苦手を知る
チャレンジと失敗
後半の課題
自己実現
才能を活かしていく

がなんなのかを人生の前半戦で見つけることが、後半戦を幸せに生きるためには大事なんだよとお伝えしたいです。

西田明メンタルコーチへの質問はコチラから

公式ラインに登録してメッセージをどうぞ
西田コーチが可能な限りお答えします

第6章の習慣（まとめ）

38 どう思考するかは育ってきた中での
親や周りの大人の影響が大きい

39 子どもに対するスタンスで大事なのは
「見張り」ではなくて「見守り」

40 能力を発揮でき、持続性にも長けるのは
「外発的動機づけ」より「内発的動機づけ」

41 よりやる気を引き出すためには
「原因思考＝WHY」より「目的思考＝HOW」

42 子どもの自己肯定感を高めるために
大人は承認してあげることを心がける

43「無条件の肯定的な関心」「共感的理解」
「自己一致」からなる
「中核3条件」を大人が持つことで、
子どもの潜在能力は最大化される

44「その課題は誰のものか」を見極めて、
それぞれが向き合うべき
「課題の分離」を行う

45 チャレンジと失敗をたくさんすることで、
子ども本人の「自己認識」が進む

第7章

壁にぶつかったら、どうすればいいですか？

3児の父で元日本代表のワールドカップ経験者
中村憲剛さんに聞く

西田さんはまさに「メンタルコーチ」という感じの人だった。優しい口調と柔和な雰囲気で、話を肯定しながら聞いてくれる。多くの人の心が解きほぐされていくに違いない。大槻コーチは取材後もいろいろな相談をしていた。

さて、この企画のお話をもらったときから、7人目の賢者は「この人しかいない」と決めていた。川崎フロンターレのバンディエラにして、日本サッカー界のレジェンド。また、3人の子どもの父親でもあり、現在は育成年代の指導にもあたる中村憲剛さんだ。

その名前を知らない人はほとんどいないぐらいの有名な方だが、一方で大学時代までのサッカーキャリアが、どちらかと言えば苦労の絶えないものだったことは意外と知られていないだろうか。特に中学時代は一度サッカーから離れていた時期もあったとのこと。なかなか身長も大きくならず、高校生のころも自分の力を存分に発揮できない時間が長く、苦しんでいたという。

かつての中村さんと同じような悩みを抱える子どもたちは多いと思う。彼らやその親にとって、40歳まで第一線で現役を続けた中村さんの言葉は、心に刺さることばかりのはずだと考えたのだ。結果から言えば、この人にお話を伺って本当によかった。多忙な中、1時間半近い時間を割いてくれた中村さんのメッセージは、それを目にした親子にさまざまな気づきをもたらしてくれることを保証する。

小学校6年生で自信が粉々に

父親　小学生のころの中村さんはどういう選手でしたか？

中村　小学生のころはプロに入るまでで一番うまかった時代でした。体は小さかったですが、そう言えるぐらい自分のやりたいこと、イメージしていることができていました。東京選抜や関東選抜にも入っていたので、学生時代のキャリアハイでしたね（笑）。東京であれば「府ロクの中村憲剛」は有名だったと思います。意気揚々とした小学校6年生でした。

大槻　同じ地域で育ったので知っています！

父親　そこから中学生になって、苦労されたとお聞きしています。

中村　正確に言うと、先ほどお話しした関東選抜には小学生の最後に行ったのですが、そこでこてんぱんにされました。そもそも関東選抜のメンバーもすごかったですし、ほかの地域の選手もうまくて、そこで自分は一番下の選手だと思わされました。

大槻　そのころはだいぶ体も小さかったんですよね。

中村　はい。小さいことが武器だったのですが、それすら武器にならなかったんです。

フィジカルで潰され、スピードで追いつかれてしまいました。東京選抜であればそれでもやれていたのですが、関東選抜に行ったらそうはいきませんでした。

父親　一番の違いは体の大きさですか？

中村　そうですね。みんな大きかったです。全然うまくいかなくて、確か三泊四日ぐらいの大会でしたが、もう初日に帰りたくなりましたね。それまで自信満々にやっていたものを粉々にされる経験をしたんです。

父親　それはサッカーを始めてから、初めて味わうような経験ですか？

中村　初めての経験でした。それこそ僕が在籍していた府ロクのひとつ上の学年には、選手が12~13人しかいなかったので、下の学年から何人か駆り出される中に僕が入ったときには、「1個上の人たち、すごいな」という衝撃はありましたが、自信を失うようなものではありませんでした。読売クラブのジュニアチームに東京の決勝で勝って全国大会にも行くような、よい経験をさせてもらいました。そこから6年生の最後に、もう自分の存在を否定されるというか、これまで培ってきたものは何も通用しないという衝撃的な出来事が待っていたのです。それもあって自信をなくした状態で、中学生になりました。

土屋　大事にしてきたサッカーで、そういう経験を味わうのは苦しいですよね。

中村　苦しかったです。中学生になっても、そもそも小さかったのになかなか背は伸びなかったですし、関東選抜で感じたようなものを自分のチームでも感じてしまうようになったんです。そのチームは僕らの学年が１期生だったので、公式戦になると１年生だけで、ほかのチームの３年生とやることになるわけです。その中で全然サッカーがうまくいかなくて、自分が嫌になってしまいました。

父親　中学生の１年生と３年生は相当違いますからね。

中村　しかも僕はそれを「クラブが悪い」「指導者が悪い」「チームメイトが悪い」と人のせいにしていました。あのときの自分は本当に最低だったと思います。自分ができていないことを受け止めきれていなかったんでしょうね。ブイブイ言わせていた子が、何かでひとつつまずいて、責任を外に向けてしまうという、「いなくなっていく選手」の典型的なパターンです。

大槻　確かにそういう選手は少なくありませんし、中学生には多いと思います。

中村　「自分は悪くない」と思い込み、自分の姿勢をかえりみることなく、すべてを周囲のせいにしていました。

中学生になるときの進路の選択

父親　そもそも中学生になるときの進路はどういう形で選択されたのですか？

中村　府ロクのときの先輩が読売クラブのジュニアユースに進んでいたので、僕も行くか行かないかという話はありました。ただ、僕は読売クラブという存在を怖く感じていたんです。

大槻　ああ、わかります（笑）。

中村　そのブランド力もそうですし、先輩が怖いという話や、同級生の中でもサッカーのうまさで明確なヒエラルキーができていくとも聞いていましたし、小学校6年生の最後に自信をなくす経験をしたので、まず読売クラブに行くのは回避しました。そこでやっていく自信がなかったんです。

大槻　そのときにご両親はどういう形で関わっていらっしゃいました？

中村　基本的には自分の意思を尊重してくれる両親なので、「絶対に読売クラブに行け」とは言われませんでした。自分で行かないことを決めたときには、「じゃあこういうクラブもあるんじゃないか？」という相談には乗ってくれましたが、「**やるのはオマ**

エだから」と言ってくれましたし、両親が進路を決めることはなかったです。

土屋　それは進路選択において、非常に理想的な子どもとの関わり方ですね。

中村　もともと父も母もサッカーに詳しいわけではなかったので、今のいろいろな知識をお持ちの保護者の方とはタイプが違いますが、結果的に僕はそれで助かりました。そのときに「読売クラブに行け！」なんて言われていたら、今ここには座っていないかもしれません（笑）。

父の言葉と母の支え

父親　ご両親はその時期も見守ってくださったんですね。

中村　そうですね。ただ、そこまで優しいわけではなくて（笑）、父は「勝負事には勝て」という人ではあったので、小学生のころから勝ち負けに関しては鬼に見えていました（笑）。本人は「そんな感じではなかっただろう」と言うのですが、子どもは言われて嫌だったことは覚えているものですからね。

父親　言ったほうは覚えていなくても、言われたほうは忘れないものです（笑）。

中村　お風呂場でメチャメチャ説教されたり、帰りの車で説教されたりした記憶ははっきり残っています。ただ、今から考えればその言い方が重要で、すべては「オマエが悪い」というものでした。父は「チームメイトが悪い」「監督やコーチがダメだ」とはひと言も言わなかったです。

大槻　ああ、それはものすごく重要なポイントですね。

中村　「オマエが決めないから勝てなかった」「オマエがPKを外したから負けた」と、ベクトルはずっと僕に向いていました。やはり親がチームメイトや指導者、クラブの悪口を言うと、子どもも絶対にそうなります。そういう意味では、僕はそうはならなかったですね。

父親　ちゃんと肝を押さえているお父さんですね。

中村　勝負事には厳しいのですが、サッカー自体はそこまで詳しくはないので、歳を重ねるにつれ「いやいや、そう言われても……」というような、まったく納得のいかないことを言われることもありましたよ（笑）。よく泣いていた記憶もあります。

父親　そのときにお母さんはどういう関わり方をされていたんですか？

中村　母は父の後押しではなく、僕のフォローをしてくれました。ただ、もう父のスイッチが入ってしまったときは、それに対して母が何かを言うと、そこに巻き込まれることはわかっていたので黙っていました。僕もそのことはわかっていましたし、母はあとで「頑張っているから大丈夫よ」というようなフォローをしてくれました。

土屋　そこはお父さんとお母さんのリレーションシップがあったんでしょうね。

中村　いやあ、リレーションシップを取っていたのかどうかはわからないですね（笑）。

土屋　お母さんがうまくバランスを取っていたのかもしれませんね（笑）。

中村　自分の夫がそういうタイプだということはわかっていたでしょうし、そこで母親としてどう振る舞うかを考え、接してくれていた気がします。

大槻　それは素晴らしい環境だと思います。お父さんにもお母さんにも口を出されて、逃げ場がなくなる子どもも少なくありません。

中村　そうですよね。僕も今はサッカーをしている子どもを持つ父でもあるので、両方の立場を経験していますから、よくわかります。その話はもう少しあとですればいいのかな（笑）。

父親　ありがとうございます（笑）。

「やめたい」と言う息子に親は？

土屋　中村さんは中１のときに一度サッカーを離れたそうですが、そのときのご両親の関わり方はどういうものでしたか？

中村　小学生までは土日も自分の試合を見に来てくれるような、熱心な両親でした。うちは姉が2人いるのですが、かなり年が離れていたにも関わらず、その2人も応援に来てくれました。たまに姉の彼氏も来てくれるぐらいで（笑）、僕のサッカーを中心に中村家が回っていましたね。それが家族のコミュニケーションツールになっていたと思います。

父親　ご家族のよい雰囲気が伝わってくるようなエピソードです。

中村　ただ、中学生になってサッカーがうまくいかないので、自分のことも話さなくなりますし、情報も伝えなくなるというところで、父も母も試合を見に来なくなり、家族がみんなサッカーからフェードアウトするような形になりました。普通はそれだけサッカー中心の生活を送っていたのだから、親もきっと「やめるな」と言うと思うんですよね。

父親　はい。それが普通だと思います。

中村　ただ、うちの父も母も自分が「もうサッカーをやめる」と言ったときに、「わかった」という感じでした。僕のことをずっと見ているからこそ、自分がつらそうにしていたり、雰囲気が暗くなっていたりしていることも、よくわかってくれていたんでしょうね。あとは関東選抜の大会も両親は見に来ていて、自分があれだけうまくできないシーンをたぶん初めて見たんですよ。だから、帰りの車もいつもだったら怒られる流れなのに、メッチャ静かだったのをよく覚えています。たぶん家族みんなが意気消沈するぐらいの出来事だったんでしょう。そのときにもしかしたら父も、そこから僕がサッカーでうまくいかないときがくることを予感していたのかなと、今は思っています。

父親　やはり関東選抜での挫折は、中村さんにとってもご両親にとっても、大きなターニングポイントですね。

中村　そうだったと思います。でも、**親にサッカーを無理やりやらされることはなかったですね。それには相当救われました。**

大槻　それはご両親のあり方が素晴らしいです。

中村　本当にそうなんです。僕も自分の息子がそういう立場になったら、やっぱり言いたくなるとは思うんですよ。でも、僕はそういう経験をしているので、息子に「じゃあ1回サッカーから離れたほうがいいかもね」と言える気もしています。

父親　自分もその状況だったら、絶対に子どもに口を出したくなります。

中村　それで中1の5月か6月にクラブをやめて、そこからプログラム研究部に入りました（笑）。サッカーに戻るのは中2の4月に、通っていた中学校の部活に入ってからなので、その間は9カ月ぐらいありました。父はサラリーマンだったので、平日は仕事があってそこまで交流はなかったのですが、気まずかったのは土日です。

土屋　ああ、お互いに家にいるからですね。

中村　そうなんです。それまでの土日は必ずと言っていいほど僕は試合や遠征で家にいなかったのに、普通に家にいる感じがメチャメチャ気まずくて（笑）。父もゴルフに行ったりしていましたね。おそらく僕と会わない時間をつくってくれていたのかなとは思います。

父親　中村さんにもそんな時期があったんですね。

中村　かなり暗い時期でした。自分の中では、暗黒期ぐらいの捉え方をしていて、プロになって学生時代を振り返るような取材を受けるまでは、ずっと封印してきた時代です。

離れている時間に「好き」という気持ちを再確認

父親　そうなってくると、そこからどうやってサッカーに戻っていくのかが、とにかく気になります。

中村　ボールを蹴ること自体は好きだったんです。たとえば試合の中でダメな自分は嫌でも、サッカー自体が嫌いになっていたわけではありませんでした。当時は日本代表もオフトジャパン時代で、試合をビデオに録ってよく見ていましたし、サッカーからまったく離れていたわけではなく、なんとなくつながってはいました。１人でボールを蹴ったり、時間が合った友だちと一緒にサッカーをしてはいたんですよ。

父親　改めてチームに入ろうと思うきっかけが何かあったんですか？

中村　「試合したいな」と思ったんです。自分の通っていた中学校でもサッカー部の試合はやっていますし、月曜日に登校すると、土日の試合の話もサッカー部員から聞くわけです。自分に向けていたサッカー熱は一時的に冷めましたが、サッカー自体は好きだったことで、「ああ、オレってサッカーが好きなんだ」という熱がどんどん戻っていったんですよ。もしほかに熱中するものがあれば、そっちに行っていたかもしれませんが、結果的にサッカーから離れていた時間が、「結局オレにはサッカーしかないんだな」ということを再確認する時間だったんですね。

大槻　「好き」ということの重要性を改めて実感させられるようなお話です。

身長136センチの自分が、できることに目を向ける

中村　まだそのころも身長は小さかったのですが、今のサイズでできないことに目を向けるのではなく、できないことを受け止めたうえで、じゃあどうすればそれができるようになるかを考えられるようなマインドに変わっていきました。なぜなら、サッカーを続けたいからです。一度はうまくいかなくてやめたけれど、戻るからにはどうすれば自分がサッカーを楽しめるのかな、という考え方ができるようになったんです。それまではドリブラーだったので、「ドリブルで潰されるんだったら、その前にパスを出せばいいのか」とか、そういう思考になっていきました。

大槻　そこはサッカー選手としても大きな転機ですね。

中村　はい。結局それが自分のサッカー選手としてのベースになっていくわけです。

父親　中学生のときに、すでに思考の転換ができるなんて、相当すごいことだと思います。

中村　「転換せざるを得なかった」という言い方のほうが正しいと思います。自分らしくサッカーをやるためには、どうしたらいいかという中で、出てきた思考ですよね。

中学生にとって、それは重いことだとは思いますが、僕はそうしないとサッカーができないぐらい小さかったんです。今、僕のスクールに来てくれている中１でも、やっぱり小さな子はいて、「サイズが小さくて困っているんです」という話を聞くと、「今は何センチあるの？」「１４５センチです」「いや、オレは１３６センチだったよ」と言っちゃいます（笑）。

土屋　中１の男の子で１３６センチは相当小さいですよね。

中村　僕も気持ちがわかるので、そういう子には「自分で頭を使って、どうやったらうまくなるか考えてごらん。そうすれば全然大丈夫。背はいずれ大きくなるから」と話します。そうするとその子も、親御さんも、ちょっとキラキラした感じになってくれます。「大丈夫だよ。だって、オレがそうだったんだから」と。

父親　中村さんがそう言うことで、説得力が出てきますね。

中村　説得力しかないでしょう（笑）。それは今の自分の立場として、世の中に発信していきたいことです。

思考の転換

できないことを受け止める

ドリブルで潰される

↓

できることを探す

パスを出す

↑

好きという気持ち

「好き」がすべての始まり

大槻　その思考の転換も、自分で行ったわけですよね？

中村　そうです。やっぱりサッカーは自分がどうプレーするかですし、人に言われてするものでもありません。それにそもそも当時の僕は、人に言われたこともできないぐらいのスペックだったので、とにかく考えるしかありませんでした。なぜならサッカーが好きだからです。そこが一番の根っこにあって、今でもそれが続いています。

大槻　「サッカーが好き」ということはとにかく大事ですよね。

中村　メチャメチャ大事です。あとは自分のプレーで両親や姉、チームメイトや監督、コーチが喜んでくれることも好きでした。それが僕のサッカーの原風景です。

父親　自分のプレーで周囲を喜ばせることができると。

中村　まさにそうです。たぶん自分がそうやってサッカーに情熱を傾けていることが、両親も好きだったと思うので、僕はその喜ぶ両親の姿を見るのも好きでした。

大槻　自分から自発的に取り組んだことで、その状況を自らつくり出したんですね。今の中学生はサッカーをやらされている感覚になってしまって、燃え尽きてしまう子が多いです。

土屋　中村さんはそこから40歳まで現役を続けられたわけですから。

中村　結局40歳までやれたのも好きだからです。「サッカーは自分のものだ」と思っていましたし、自分が試合に出られるか出られないかも、すべては自分次第だとわかっていました。それも中1の最初のときに、人に矢印を向けることがダメだということに自分で気づいたからです。小学生まではいろいろな甘えがあったのは間違いなく、その中1のタイミングは自分をかえりみるのにちょうどいい時間だったと思います。

父親　とはいえ、中2からサッカー部に入るというのは、かなり勇気のいる一歩ではないですか？

中村　勇気はいりました。でも、サッカー部の子たちから誘ってもらえたんです。入学したときも誘われたのですが、そのときは「オレはクラブチームに行くわ」ということで、サッカー部に入りませんでした。だからこそ、クラブチームをやめたことを彼らに言うのもすごく恥ずかしかったです。やっぱり「憲剛、やめたらしいよ」という噂も回るじゃないですか。それでも声をかけてくれたので、そういう仲間がいてくれたこともうれしかったです。

親がどうしたいかではなく、子どもがどうしたいか

大槻　そのお話を伺うと、中村さんのお子さんの成長過程で、ご自身と重なるところも出てくるのではないですか？

中村　重なりまくりです（笑）。

大槻　成長曲線も重なっているところはありますか？

中村　今、息子は高１で１７０センチいくかいかないかぐらいですが、僕の中学時代や高校時代よりははるかに大きいので、成長曲線は似ているようで、似ていないと思います。とはいえ小学生のころも小さいことは小さかったので、自分の過去の立ち位置も含めて、言えることはあるなと思って、子どもが小３ぐらいからコツコツと話はしていました。

父親　小３ぐらいからですか。

中村　はい。それはやっぱり自分と重なるところがあったからです。大きくて、スピードがあって、身体能力でやれる選手であれば、また違うアプローチだったと思いますが、僕と似ているところが多かったですし、ポジションも一緒なので、余計アドバ

イスは生々しいものになっていたと思います。

土屋　息子さんも父親が中村憲剛だということはわかっているわけじゃないですか。その言葉が入りすぎてしまうこともあるのではないかと思うのですが、中村さんの言葉を息子さんはどう受け取っているように見えましたか？

中村　素直に受け止めていたと思います。ただ、それはすべてではなくて、「オマエ、話聞いてるの？」と言うと、「いやいや、聞いてるけど、中村憲剛でもありオレのパパだからさ」と言われて「ああ、全部は入っていかないんだな」と気づかされました（笑）。

土屋　それも親の気づきですね（笑）。

中村　「うーん、そうだよな」と（笑）。息子にしてみれば「言っていることはわかるけど、オレはオレだから」ということでしょう。ただ、それも僕の息子だから言えることで、フロンターレのU－15に所属している子が、僕に対して「オレはオレなんで」と言ってきたら、それはまたニュアンスが変わってきますよね（笑）。

父親　それはそれでなかなか逞しいですけどね（笑）。

中村　確かに（笑）。そのあたりは親子独特の関係性とコミュニケーションかなと思います。そこでも一番大事なのは、僕がどうしてもらいたいかではなくて、息子がどうしたいかです。なので、そこは必ず確認をしたうえで話し始めます。彼はプロになりたくて、それこそ「中村憲剛を超えたい」とずっと言っているので、それならこっちもそれなりに言うよというスタンスです。息子が「楽しくボールを蹴りたい」「趣味の範疇でやりたい」と言うのであれば、僕はそれでも構いません。本人がそう思っているのですから。そのスタンスはずっと変わっていないです。

大槻　先ほどお話を伺った、中村さんのお父さんの関わり方と共通していますね。

中村　そうだと思います。本人が大事。プレーヤーズファースト。それは変わりません。僕の父と母もそうでしたし、僕が指導を受けてきた指導者の方々もみんなそういう方々でした。それは非常にめぐり合わせがよかったと思っています。

進む道は子ども本人に選ばせる

大槻　今の育成年代はフィジカル化が進んでいて、大きな子が重宝される傾向があります。

中村　そうですね。僕もそう感じています。

大槻　たとえば瀬古樹（ストーク・シティ／イングランド）は、ジュニア時代はドリブルが好きという印象の選手でしたが、今はパサーのイメージが強いですよね。そうやってプレースタイルも変わっていくわけで、そう考えると進路の問題もなかなか難しいと思います。中村さんは息子さんの進路についてはどういうふうに関わっていらっしゃったんですか？

中村 全部本人が行きたいところに行きました。

大槻 おお！ そうなんですか！

中村 中学のチームも、高校も自分で選びました。そのうえで僕も妻も「そこに行きたいのであれば、こういうことができるんじゃないか」ということを話しましたね。ただ、妻は「1回フロンターレから離したほうがいいんじゃないか」と思っていたようです。やっぱりみんなが「中村憲剛の息子」だと知っていますから。

土屋 なるほど。それは中村家特有のお話ですね。

中村 あとは息子も小学校3年生のときにフロンターレスクールのエリートクラスのセレクションに落ちたんです。贔屓目に見ても受かる選手ではありませんでしたし、そのときにはそれまでの彼のサッカーへの取り組みについて、僕もいろいろなことをかなり厳しく言いました。あとはもちろん息子が100パーセントそう思っていたとは思いませんが、「オレの息子だからって入れるわけじゃないだろ」とも伝えました。

もしかしたらちょっとぐらいは考えていたかもしれないので、「それは違うよ」と。要は僕が小６の最後に食らったような経験を、彼は小３で味わっているんです。そこでいろいろと感じることがあったんでしょう。

大槻　中村さんもご自身の体験があったから、よりその大事さを痛感しているわけですね。

中村　はい。息子のサッカーに取り組む姿勢には以前から思うところもあったので、そのときの僕は「今がそのタイミングだ」と思って、そういう話をしました。そこから息子はあるチームのジュニアユースが開催しているスクールに入り、６年生までそこに通っていたこともあって、本人がそのジュニアユースに入りたいというので、僕も妻も「いいと思うよ」と話して、中学校の３年間はそこでプレーしていました。

父親　確かに息子さんがご自分で進む道を選択していますね。

中村　そうですね。そのチームでいろいろな経験をさせてもらって、高校も自分で行きたい学校を決めました。それに関しては高校選手権を見たことが大きかったのと、自分が通っている中学校の先輩が入ったことも影響していたようです。あとは偶然僕もその高校と仕事をしたことがあったんですね。それは息子が中１のときだったのですが、もちろんそれも知っていたようで、頭の片隅にその存在はあったみたいです。

ただ、必ずしもサッカーだけで高校に行けるわけではないので、家族で共有したのは「中2の成績がすごく大事だ」ということでした。

大槻　中2の成績、大事です！　中学2年生の時点で中学校3年間の3分の2が終わってしまっているんですよね。3年生になって頑張るからといっても、内申点が出て志望校の方向性が決まってくる時期が、中学3年生の2学期ぐらいです。実質1学期と2学期しかありませんから、それ以前の中学1・2年生での取り組みが進路決定に大きく影響してきます。

中村　はい。そこから本人も勉強を頑張っていました。これが僕や妻から「勉強しなさい」と言われていたのであれば、きっとあそこまでやっていないと思います。でも、自分で入りたいと言ったからこそ、本人もしっかり勉強して、一定の成績は確保したうえで、最終的にはサッカーでお声がけいただいたので、希望した高校に入学することができました。だから、息子がたどった進路は全部本人の意思と努力です。

大槻　今の保護者の方々は、進路に関しても、どうしても周囲の子のことまで気にしてしまう傾向が強い印象です。

中村　僕もそれは感じていました。やっぱり自分のお子さんを見てほしいですよね。僕は息子が小学生のころも中学生のころも、「自分の子どもとそのチームメイトを応援しましょう」というスタンスを貫いてきました。大事なのは子どもがどうしたいかで、保護者の意向は二の次、三の次ですから。そこが強くなってしまう親御さんは、あくまで子どもを使って自分の願望や希望を叶えようとしているにすぎないと、僕には見えていました。

人生を成功と失敗でくくってはいけない

父親　今は子どもの進路に関する問題も、どんどん低年齢化してきています。

中村　最近は小5ぐらいでジュニアユースのチームが決まってしまう子もいますよね。でも、その段階のセレクションに受かるか受からないかは、そのあとのサッカーキャリアをすべて決めるものではありません。そこに受からなくても、どんどん成長して、素晴らしい選手になる子は必ずいます。僕はそういう経験のほうが多かったので、「セレクションに受かっても、そこがゴールじゃないよ」と思いますし、「受かったから成功、受からなかったから失敗じゃないんだよ」と伝えていきたいですね。そもそもサッカーに「成功」とか「失敗」なんてないんです。

大槻　まさにその通りですね。

中村　息子にも「人生を成功と失敗でくくってはダメだよ」と伝えています。百歩譲って人が成功や失敗と言うのはいいにしても、自分でそこを目指すためにやるなよとは言っていますね。もちろん自分の出したパスが成功して、それでゴールが入れば、それはプレーとしては「成功」ですが、その試合に勝つということは、みんなの努力が重なって勝っただけなので、それを成功と言うのは違うんじゃないかなと思います。

父親　その考え方も素敵です。

中村　たとえばトレセンに受かったら成功、落ちたら失敗、ではないですよね。そのセレクションを行っている側の基準と合わなかっただけで、他のセレクションに行ったら受かるかもしれません。最近はすぐ自分たちで自分たちの可能性を狭めているように見えてしまいます。そのときは難しい状況に陥っていたとしても、「ここからまくれる」と思えば、まくれるものです。「まくれない」と思うから、まくれなくなってしまうんです。そこは監督やコーチ、保護者がそう思わせてしまっているだけなのかもしれません。

大槻　染みますね。染みるお話です。

中村　そもそもサッカーって11人しか出られないスポーツじゃないですか。これがややこしさのひとつです。実際にどう試合に勝つかと考えたときに、今はなかなか試合に出せないけれど、技術はあって、ひょっとしたら出せるチャンスがあるかもしれない選手を、指導者がベンチに入れるとします。でも、本人は試合に出られないので、ちょっとずつ自信がなくなっていくときに、その子にどういう声かけをするかも大事です。保護者と指導者のイメージがちゃんと共有されて、子どもに接することができればベストですが、絶対にバラツキは出てきます。もちろん一人ひとりの選手は大事だけれど、試合には11人しか出せないわけで、ここが指導者には苦しいところですね。

大槻　そうなんです。在籍している子どもたちの成長を促しながら、勝利を目指す。そこが指導者の永遠の命題です。

中村　それをちゃんと保護者が理解してくれれば、たぶん自分の子どもが試合に出られないことも、わかってもらえるのかなと思います。そこで「試合に出られないから、もう次のカテゴリーに上がれない」となってしまいがちですよね。そうだとしても、実はほかのチームで輝く可能性も十分にあって、「道はそこだけではないんだよ」と、「いっぱい道があるからサッカーは楽しいんだよ」ということも言ってあげたいです。

父親　中村さんの息子さんとの接し方をお聞きするのは本当に興味深くて面白いです。

成功と失敗

道はひとつ

突破できれば成功、
できなければ失敗

道は複数

突破しても
しなくても次がある

夫婦のリレーションシップのあり方

中村　ここまでいいことばかりを言ってきましたが、僕も決してよい親ではないと思います（笑）。

父親　それはどういう理由からそう思われるのですか？

中村　以前のことですが、息子にとってつまずいたほうがよい「石」を払ってしまったときがあって、「それはやめたほうがいい」と妻にすごく怒られました。

父親　それはどういうシチュエーションだったんですか？

中村　「なんだったっけなあ？」というレベルのことです。でも、妻は「つまずいて痛い思いをすればいいじゃない」と。うちの場合は妻がすごいんです。今までは父親単体の話をしてきましたが、我が家はあくまでもまず妻がいて、僕がいるというイメージです。

土屋　中村さんとのリレーションシップも含めて、奥さまが中村家の中で果たしている役割は相当大きそうですね。

中村　メチャメチャ大きいですし、メチャメチャ重要です。夫婦となると、どちらかが強烈か、どちらも強烈というパターンが多いですよね（笑）。夫婦のリレーションシップの話であっても、大事なのは子ども本人がどうしたいかです。それを受けて父親として、母親として、子どもにどうアプローチするかの話はずっとしていますし、妻には「それはパパがそうしたいんでしょ？」と言われることもあります（笑）。

土屋　視野が広い奥さまですね（笑）。

大槻　僕も目に余るときは、親御さんに話をさせていただくこともあります。

中村　それはいいと思いますよ。親御さんもわからないから調べるし、わかる人に聞くんです。でも、その「わかる人」の情報があやしいときもあるんです（笑）。特にJクラブのアカデミーで子どもがプレーしている場合、入っただけで「うちの息子はもうプロになれる」と勘違いしてしまっている親御さんは多いと思います。基本的に不安なんでしょうか。それでときに親の思いが、子どもの思いを超えてしまうのかなと思います。

父親　やはり親は不安になるものですよね。

中村　現段階で試合に出ていないことが、ダメではないし、失敗ではないということは改めてお伝えしたいです。ただ、得てして子どもはそういう状況に置かれると、グッと出ていくパワーが出なくなってしまうので、そこでは保護者の方々のサポートが

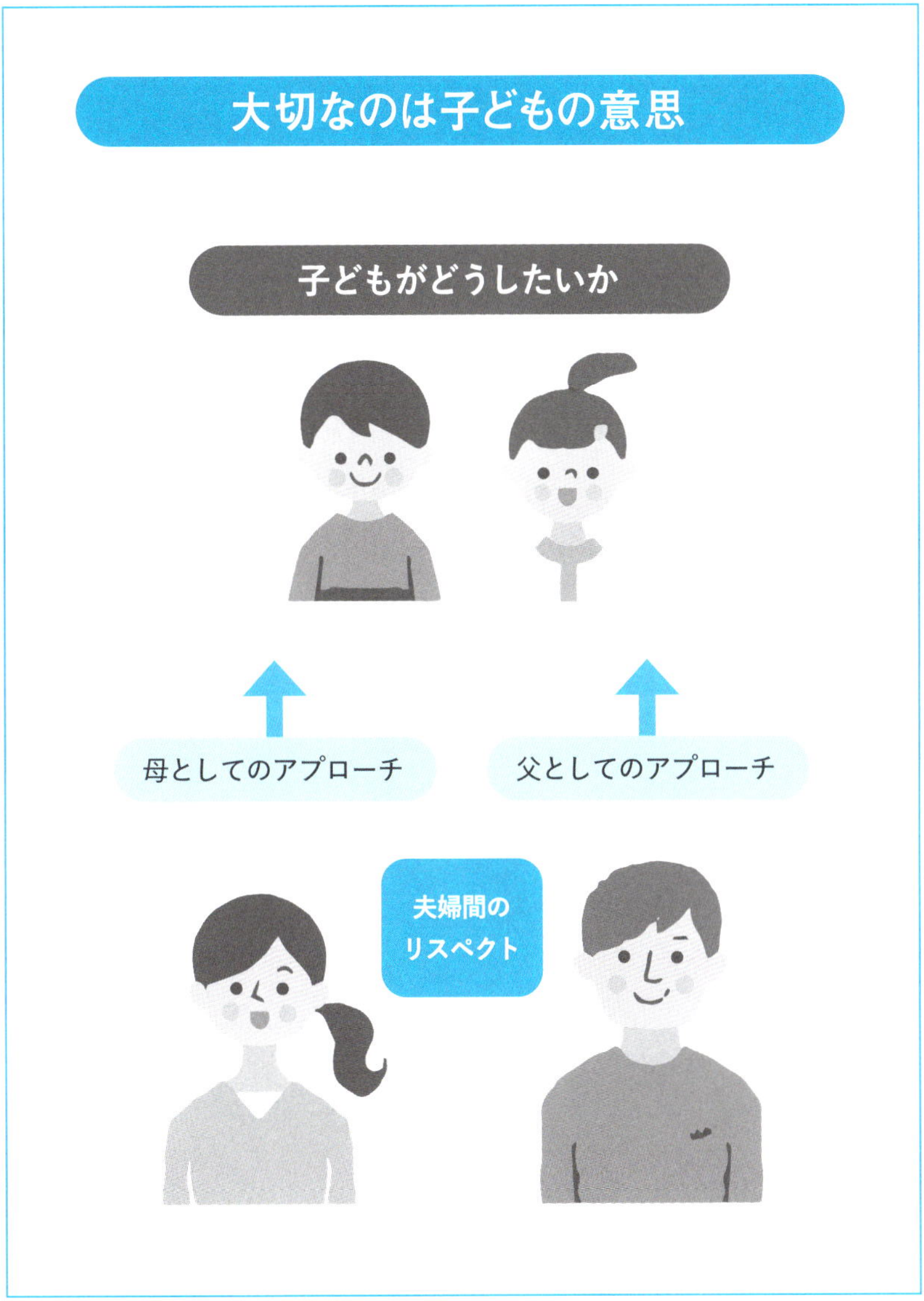
大切なのは子どもの意思
子どもがどうしたいか
母としてのアプローチ
父としてのアプローチ
夫婦間のリスペクト

必要です。

父親　奥さまはサッカーも詳しいのですか？

中村　詳しくないですよ。でも、僕と息子のプレーの「よい、悪い」はわかります。だから、息子のプレーを見た妻が思ったことを言うと、まっすぐに刺さりすぎて、息子が「もうわかったから！」とキレることもあります（笑）。

土屋　ああ、的を射ているんですね。

中村　そうなんです。僕の現役時代もそうでした。親子そろって鍛えられています（笑）。そういう意味では夫婦間のリスペクトも大事ですね。おとうさんにすごく知識がある場合、おかあさんが置いてけぼりにされることもあるじゃないですか。でも、おかあさんはおとうさんが見えていない部分を日常的に見ているはずなので、子どもの情報量は圧倒的に多いでしょう。そこでおとうさんの知識と、おかあさんの日ごろから見ている情報が合わされば、すごくよい関わり方ができるのではないでしょうか。

大槻　間違いないですね。夫婦のどちらかだけが走ってしまって、もう片方がついていけないパターンを目にすることは少なくありません。

中村　夫婦で情報をちゃんと共有できると一番よいですし、しかも子どもファーストであること、本人がどうしたいかを最優先にできれば、それがベストでしょうね。まあ僕は一応プロだったので……。

父親　「一応」という人ではないと思います（笑）。

中村　要は普通のご両親より情報はあるという意味です。やっぱりいろいろなことがわからないと思いますよ。どうやったら子どもが伸びていくのかもわからないでしょうし、「今がよくなかったらダメなんじゃないか……」と思うのは普通です。だからこそ、僕はこの立場から「そうじゃない」ということを言っていく必要はあると思っています。

子どもが悩んでいたらひたすら話を聞く

大槻　ちなみに息子さんに反抗期はありましたか？

中村　なかったです。こちらも覚悟を持って本気で言うので、それが伝わるのではないかなと思います。僕も妻もこちらの感情やこちらの都合で適当に言っているわけではなく、本人によくなってほしいと思って話しているので、ちゃんと自分に向けている言葉だなという、その真剣度は伝わっているはずです。あとは彼が悩んでいるときにはひたすら話を聞きます。それで思いを吐き出させてから、こちらが話すという流れです。小さいころからそういう関わり方をしていたので、そこの信頼感はあると思います。

父親　やっぱり家の中でのコミュニケーションが大事ですね。

中村　大事です。「わかっているだろう」「伝わっているだろう」は、まったくわかっていないし、まったく伝わっていないと思っています（笑）。やっぱりちゃんと言わないとわかりません。当たり前のように思われるかもしれませんが、意外とそれができていないご家庭は少なくないと思います。そういえば、以前対談した人工知能研究者の黒川伊保子さんが、「親はコンセントであれ」というありがたいお話をしてくださいました。

大槻　興味深いフレーズですね。どういう意味なんですか？

中村　子どもが家に帰ったら、親のところに行って「充電する」イメージです。その方法論はいくつもありますが、とにかく受け止めてあげることが肝心だと。別に何かいいことを言う必要はなくて、子どもが言いたいことをちゃんと吐き出せる場所をつくってあげるということですね。それを伺ったときに、「そうだなあ。うちはそれができているかなあ」と思いました。

土屋　家が安心して本音を吐き出せる場所か否かは、子どもにとって重要ですね。

中村　非常に重要です。たとえば我が家であれば、「テストでひどい点を取ってきてもいいから、どうすればひどい点を取らないようになるかの話をしよう」と（笑）。そうするとテストを学校に捨ててはこなくなりますよね。持って帰ってきて、そっと出してくれますよ。

「待ち」の状態の子どもが多い

大槻　中村さんはご自身のスクールで指導されていますし、フロンターレU-18の指導にも定期的に関わっていらっしゃいますが、最近の子どもたちの傾向として気になることはありますか？

中村　サッカーは相手ありきのスポーツで、互いに11人もいる中で、どこにスペースが空いているかを把握することや、相手のシステムの特性を理解しながらプレーできる選手が、やや減ってきている印象があります。いわゆる「盤面」でサッカーを見られる子が少ないなと思いますね。それは「教わっている」感覚が強いからなのかなとも感じています。サッカーが習い事のひとつになっているんでしょうね。

土屋　その傾向は僕も常々感じています。

中村　僕たちが小さいころは、広場や公園、校庭でボールを蹴っていたじゃないですか。大人がいない中で、自分たちでルールをつくってやるからこそ、創造力が養われていましたよね。でも、今はほとんどの場所でサッカーを「やっちゃダメ」になりつつあって、サッカーをやるにはお金を払って、ちゃんとした指導者がいて、用具も十分に用意された場所で、笛を吹かれて「はい、やりましょう」なので、基本的に「待ち」の状態が多いです。

父親　それは今までにお話を伺ってきた「賢者」の方もおっしゃっていました。

中村　あと、育成年代を見ていて僕が強く感じるのは、みんな返事はメチャメチャいいということ。「はい！」「ありがとうございます！」と言われると、「いやいや、オレはオマエと会話がしたいんだよ」と思います（笑）。

「大型化」が進む中で大人たちができること

大槻　今は育成年代にもリーグ戦がありますが、昇降格がシビアになっています。Jクラブももちろんそこには意識が向いていますし、街クラブはブランディングのひとつとして勝つ必要もある中で、「選手の大型化」が進んでいるような気がしています。

中村　それは、間違いないですね。

大槻　セレクションも成長の早い大きな子が受かりやすくなっている傾向もある気がしていますが、そこに対して中村さんが思うことはありますか？

中村　その流れ自体は止められないなというのが、正直な感想です。世界のサッカー的にも大型化は進んでいます。それは「足が速い」「体が強い」というアスリート化もそうですよね。でも、サッカーはそれだけではないので、「ボール扱いがうまい」「状況を判断できる」という子の希少価値が高まるのではないでしょうか。結局アスリート的な選手を操るのは、技術があって、判断ができる選手ですから。

土屋　確かに「ボール扱いがうまい」「状況を判断できる」子は減ってきています。

中村　僕の立場としては、その大型化やアスリート化をやめろとは言えません。ただ、ボールを扱えて、判断ができる子たちを、同じぐらい大切にジャッジすることで、その選手自体も救われますし、保護者の方たちも救われると思います。

父親　今は中１でも１７０センチを超える子がざらにいるような環境です。

中村　「できる子」しか楽しめない流れはあると思います。昔はいろいろなタイプの子がサッカーを楽しめる環境がありましたが、今はやはり試合に勝つことの優先順位が高くなりすぎていますよね。一方でそれぞれのチームは、ちゃんと結果を出せないと子どもを集められないので、背に腹は代えられない部分はあると思います。

大槻 本当に難しい問題です。こちらも、答えはあるようでないような感覚です。

中村 どれだけ腹をくくって自分たちのスタイルを貫けるか、ということが重要なときもあると思います。僕の息子が行っていたクラブはボールをすごく大事にするスタイルで、個人もすごく鍛えられるチームだったので、息子も希望の高校に行くことができました。今の流れはなかなか止められない一方で、アスリート化には適応していない選手たちがちゃんと戦えるクラブがあれば、そこはより魅力的に映るでしょうね。

父親 そこも指導者の目と、保護者の見守り方が大事ですよね。

中村 やっぱり本人は不安ですから、その子の道しるべになるような、どうやって成長していくかというロードマップを描ける指導者の方が求められているのは間違いないと思います。少なくともその子に関わる大人が本気で向き合うことで、その子が周囲を信頼してサッカーに取り組めることが、育成年代では重要だと僕も思っています。

サッカーをやりすぎていませんか？

大槻 あとは成長痛を感じている子も増えています。

中村　みんなサッカーをやりすぎていませんか？

大槻　本当にそうなんです！

中村　自分もスクールをやっているので、そこはなんとも言えませんが（笑）、「もっと休んだら？」「もうごはんを食べて寝たら？」と思うことは多いです。あと、日本の夏場でサッカーをするのはかなり厳しいです。

大槻　「サッカーやりすぎ問題」は今の育成年代の大きな課題です。

中村　それこそケガをしてしまった子のほうが、休んでいる間に体が大きくなったり、背が伸びたりするんですよ。

父親　「この日はサッカーをやらない」ということを明確に言ってくれるチームもありますが、それも入ってみないとわからないですからね。

勉強する習慣をつけておくこと

父親　先の進路の話ですが、中村さんが大学に進学されたときはどういう形だったんですか。

中村　「一般スポーツ推薦」という形でした。僕の通っていた久留米高校（現・東久留米総合高校）は勉強も求められる学校で、一定の成績は取れていたので、評定平均と部の成績が中央大学の受験規定に達していて、そこでなぜか合格しました。ああ、これは言わなくてはいけませんね。勉強はしたほうがいいです。

父親　うちの子どもに聞かせたいです。ありがとうございます（笑）！

中村　勉強はちゃんとしてください。最終的に救ってくれるのは勉強です。ただ、これは意外と聞いてくれないんですよね（笑）。結局スポーツ推薦で話があっても、成績が足りなくてその学校に行けない子は少なくありません。

土屋　昔と今とでは、だいぶその基準も厳しくなっている感じがありますね。

中村　それこそ通知表に「1」や「2」があると、「素行があまりよくないんじゃないか」という評価をされてしまいます。

大槻　そもそも通知表で「1」はよっぽどのことがないとつかない数字ですからね。

中村　そうなんです。「何か問題があるだろう」と思われてしまいます。実際に何かがあるから「1」という評価になるので。

大槻　提出物を出していないとか、ですね。

中村　あとは「サッカーで大学に行く」という考えだけしか持っていないのは非常に危険です。勉強で行くよりも、サッカーで行くほうが、よっぽど選択肢も狭まりますからね。最低限の勉強でも構わないので、日常的に勉強する習慣がないと、確実にサッカーも難しくなります。あくまでも頭を使うスポーツなので、感覚だけでは限界があるんです。特にプロの世界になったらそんなに甘くはありません。トップクラスの足の速さがあれば別ですが。

土屋　そういう人は本当にひと握りですからね。

中村　だいたいどの選手も、カテゴリーが上がるたびに自分の能力の上位互換みたいな選手の壁にぶち当たります。自信のある能力でも、自分より上の能力の選手が必ず出てくるので、そのときに思考を変換できる頭を持っていないと、プロサッカー選手としては立ち行かなくなります。それにプロになると、それまでとは比べものにならないほどタスクが急に増えるので、そこにアジャストできなければ、そのチームでは活躍できませんからね。そこで柔軟性を持って考え方を変えるには、頭を働かせなくてはいけません。

親が果たすべき役割

大槻　それに加えて「聞く力」ですね。

中村　それも大事です。今の日本代表にいる元フロンターレの選手たちは、みんなそれができていました。三笘薫、守田英正（スポルティング／ポルトガル）、田中碧（リーズ・ユナイテッド／イングランド）、旗手怜央（セルティック／スコットランド）、板倉滉（ボルシアMG／ドイツ）。みんな素直で、人の話を聞くことができて、どうなっていきたいかを自分で分析して、正しく努力ができる選手たちでした。

父親　そう聞くとやはりフロンターレはすごい選手たちを輩出していますね。

中村　彼らは無謀に練習の量をこなすわけではなく、「自分にはこれが足りていないからこうする」ということを、ちゃんと自分で道筋をつけてやっていました。道筋をつけられるから、周りの指導者もアドバイスしやすいですしね。ただ、これは日常の親御さんの声かけ次第だと思います。

父親　やっぱりそうなるんですね。

中村　はい。親御さん次第だと思います。それを指導者や先生に求めるのは、ちょっと違うかなと。それは親御さんがやるべき役割です。一番子どもたちと日常的に接しているのは、親御さんなんですから。

大槻　現状を受け入れられない子は、親御さんにも同じような傾向があるのかもしれませんね。

中村　親が指導者の文句を言えば、子どもも文句を言うようになります。ビジャレアルＣＦの佐伯夕利子さんが「一番身近に聞く〝ＢＧＭ〟は親の言葉だから、親がポジティブな声かけをしていけば、その子もそうなっていく」とおっしゃっていました。逆のパターンで、親が周囲の文句ばかり言っていると、子どももそれでいいと思ってしまいます。

父親　そうなると子どもも人のせいにばかりするようになってしまいますよね。

中村　そうなんですよ。指導者は万能ではありません。学校の先生も同じです。だからこそ、保護者と指導者と本人との「三位一体」で、それぞれが現状をチェックしながら、それぞれのできることを共有していくことが大事です。そこを保護者の方は指導者に投げないでほしいです。

大槻　みんなで見守っていくことが求められますね。

中村　間違いありません。そのときに大事なのは、何回も言いますが、本人の意思です。本人がどうしたいかがすべてのスタートです。そこから子どもを取り巻く周囲のベクトルが合っていけば、いろいろなことがうまく回っていくと僕は信じています。

第7章の習慣（まとめ）

46「好き」という気持ちを再認識するには、一度離れることが効果的になる場合もある

47 大事なのは、「親がどうしてもらいたいか」ではなく「子どもがどうしたいか」

48 サッカーも人生も成功と失敗でくくってはいけない

49 夫婦間でリスペクトし情報共有すると子どもとよい関わりを持てる

50 子どもが悩んでいたら、よく話を聞いて、言いたいことを吐き出せる場所をつくる

51「みんなサッカーをやりすぎていませんか？」

52 勉強はちゃんとするべき。その習慣がないとサッカーも難しくなる

53 保護者と指導者と本人は「三位一体」。それぞれが現状をチェックしながら、それぞれのできることを共有する

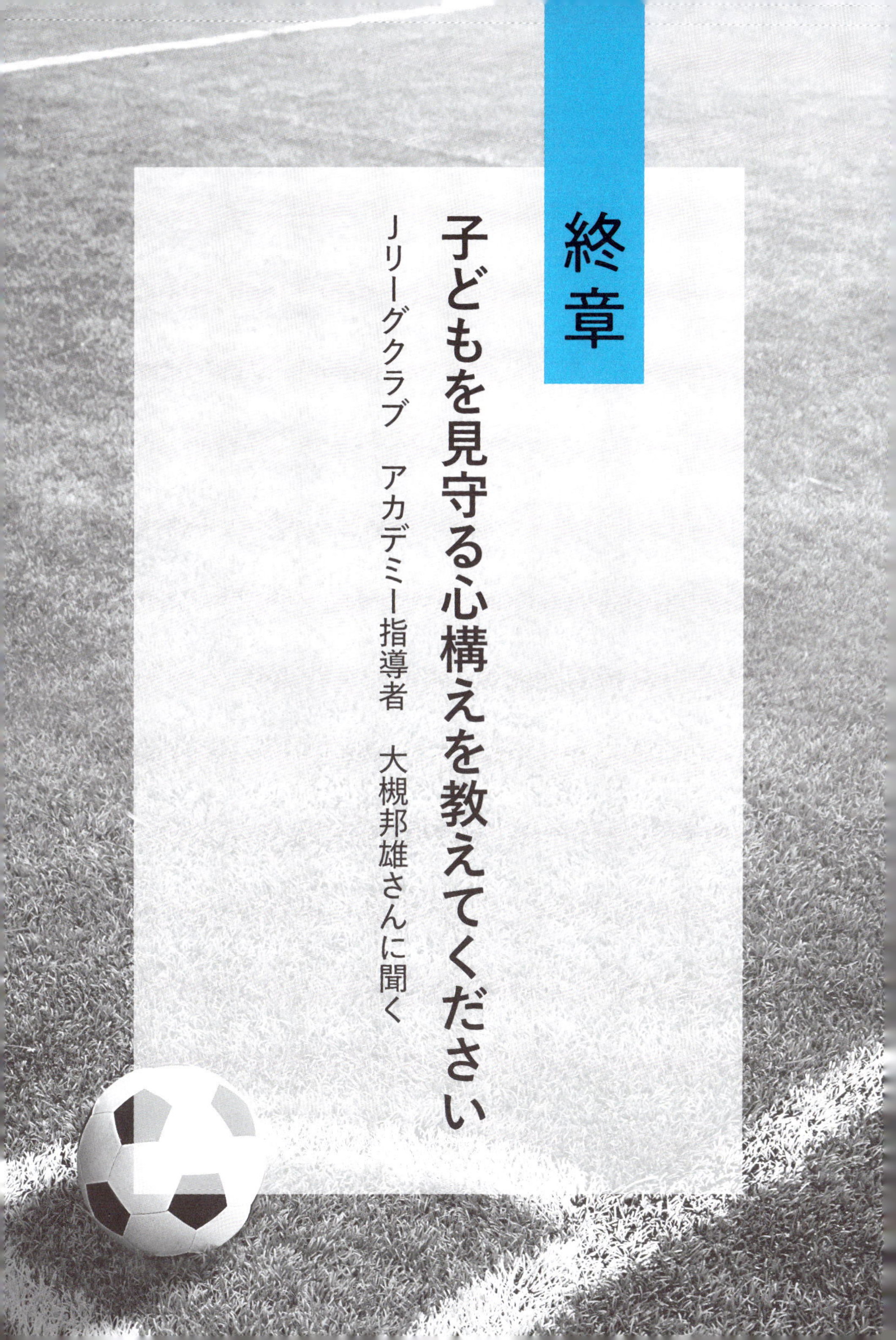

終章

子どもを見守る心構えを教えてください

Jリーグクラブ　アカデミー指導者　大槻邦雄さんに聞く

7

人の賢者からお話を伺ってきた。それぞれがそれぞれのジャンルのスペシャリストで、その道を全力で駆け抜けている人たちばかり。みなさんに共通していたのは、今の自分が向き合うものへの「好き」の気持ちが、会話の端々ににじみ出ていたこと。だから言葉はより真剣さを伴って、我々3人の胸に迫ってきた。

終章に登場するのは大槻コーチだ。今回の「賢者巡り」を一番楽しんでいたのはこの人かもしれない。普段、子どもたちと密に接し、現場に立ち続けているからこそ、自分と同じように各分野で戦い続けている方々のお話は、心に刺さっていたように見えた。

実は大槻コーチもサッカーをしているお子さんを持つ父親でもある。指導者目線と保護者目線が交錯する中で重ねた濃密な取材を通して、改めて多くの学びを得たであろう今、友人と私でお聞きするテーマは「子どもを見守る心構え」だ。

20年を超える指導者生活の中で、たくさんの子どもたちと接してきた。もちろんうまくいくことも、うまくいかないことも味わいながら、一歩進んでは、一歩下がり、それでも前を向いて、サッカーの世界を生き抜いてきた大槻コーチの経験値は、7人の賢者に勝るとも劣らない。

予想は当たった。次から次へとあふれる思いが口をつく。まさに最後を飾るにふさわしい、総括的な終章になったと思う。「7＋1」の熱いラストメッセージに耳を傾けよう。

楽しむ気持ちを土台にする

土屋　改めていろいろな賢者の方にお話を伺ってきましたが、率直に大槻さんはどんな感想をお持ちになりましたか？

大槻　やはりサッカーを大好きになってもらうこと、そしてサッカーを楽しむ気持ちが一番大事だなと思いました。それがないと、上に何を積み上げても崩れ落ちてしまいますからね。今の子どもたちは幼少期から詰め込まれていますし、うちの子どもの周りでも「週8」でサッカーをやっている子もいます。「週8」ってわかりますか？

父親　1日に2か所以上でプレーする日があるということですね。

大槻　そうなんです。親御さんに「このチームに行かせたい」という希望が強いのもあってか、サッカーを楽しませることより、とにかくサッカーを数多くやらせることが上位にきてしまっていて、子どもたちがサッカーを楽しむ余白がないんです。これはエリート教育の低年齢化とも関連した話で、短期的には結果につながることはあるかもしれませんが、長期的に見ると心や体のバランスを崩してしまいがちです。またあまりにも早くから競争を促されていると、だんだん子どもが「オレのほうが上だ」

というマウントを取るようになりがちです。

父親　常に競争させられると、そうなってしまうでしょうね。

大槻　はい。たとえば親が攻撃的な口調で「アイツに絶対に負けるな！」と言い続けていたら、子どもも攻撃的になってケンカになることもあります。そういった「負けたくない！」という気持ちは自分の内側から育っていくものですし、そのように働きかけていくものだと思います。サッカーが楽しい、もっとうまくなりたい、負けたくないと少しずつ心が成長していくものだと思うんです。もちろん保護者の立場だと友だちやチームメイトと比較して焦ってしまう気持ちもわかります。試合に出ているとか選抜に選ばれたとか、本人よりも保護者が気にしてしまっていることも多いですね。

土屋　今回何人もの賢者の方がおっしゃっていた「他者との比較」ですね。

大槻　まさにそうです。特にサッカーの入り口のところでは「自由にやらせてあげようよ」「楽しませてあげようよ」ということが大切だと猪俣さんも話されていましたね。今の子どもは競争社会にさらされているので、どこかで心のバランスを取らないといけなくなり、そこから友だちにいたずらしてしまうこともあるでしょうし、それがいじめにつながってしまうかもしれません。ストレスをどこで発散するかという問題は、サッカー界でも出てきていると思います。

父親　一概に子どもだけが悪いわけではないですよね。息苦しい中でみんな頑張っているからこそ、他者への攻撃性につながってしまうこともあるわけで。

大槻　その通りです。時間はかかるかもしれませんが、子どもたちにもちゃんと「水」を与えて、「栄養」も与えていかないといけないんです。だからこそ、サッカーを楽しむ気持ちが土台にないと、上にどれだけいろいろなものを積み上げても、結局は崩れてしまうということは一番強調したいことです。

土屋　それは、保護者の方々もどういう「水」や「栄養」を、どういう形で子どもに与えればいいかを測りかねているということでしょうか？

大槻　そうだと思います。過剰に与えてしまう親御さんもいますからね。

父親　水を与えすぎた植物は枯れてしまいます。

大槻　栄養も与えすぎるとよくないですしね。最後は子どもたちにサッカーを大好きになってもらい、サッカーを楽しむ気持ちを持たせてあげることに尽きると思います。

父親　「他者との比較」はやはり常につきまとってくる問題ですね。

大槻　比較はもう子どもが生まれた瞬間からあるものですよね。我が子のことを思い返すと、友人や知人のご子息のハイハイができるようになったとか、歩けるようになったとかの話を聞くと焦ってしまったりしましたからね（笑）。でも、焦らずに見守

成長に必要なもの

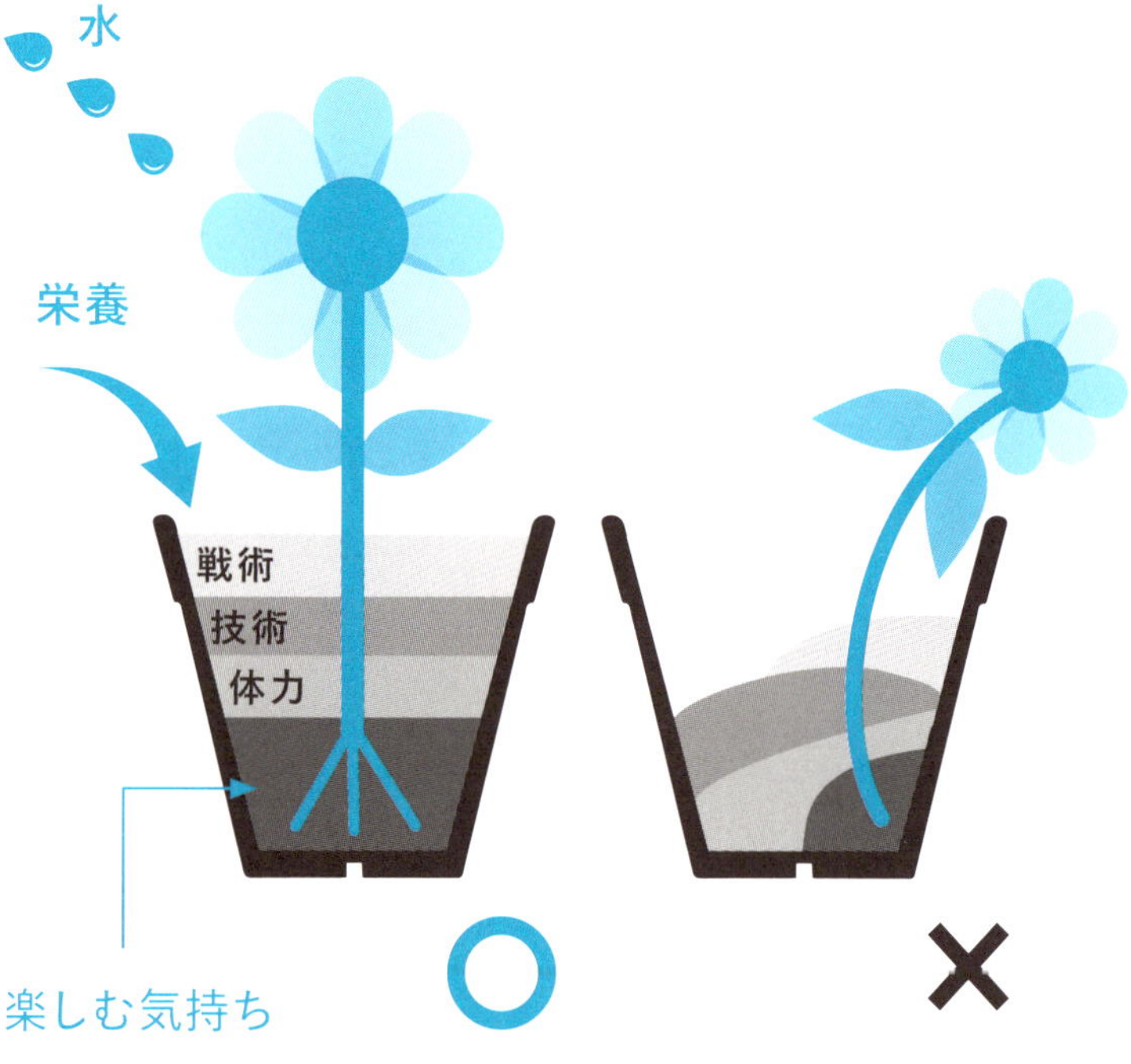

楽しむ気持ちを土台に、体力や技術、戦術などを
積み上げる。正しいケアをしてあげることも大切

っていると少しずつできるようになっていくんです。

父親　どうしても気になってしまうんですよね。

大槻　僕は親になって、比較することは意味がないと実感しているところです。自分の指導者としての経験の中で「この子はこうやって育っていくだろうな」という経験則はあるので、焦らずに見守れるようになってきました。心や体の成長も含めて、ゆっくり育っていく子と早く育っていく子の違いもなんとなくわかるようになってきましたが、それがわからない親の立場だったら焦ってしまうと思いますし、指導者はそれをちゃんと説明してあげることが大切だと思っています。

観戦にはリスペクトの精神を

父親　僕が最近気になっているのは保護者の観戦マナーです。正直、試合を見ていると「え？」と思うような言葉をピッチへ投げかけている親御さんも多くて……。

大槻　これは結構問題になっています。それこそ中村さんが「親の言葉は子どものBGM」だというお話をされていましたが、試合が終わったあとに子どもを叱責したり、試合中も相手を揶揄《やゆ》するようなことを口にしたりする方もいらっしゃるのが現実です。

土屋　そういう話はよく聞きますね。

大槻　そこは西田さんのお話につながるところもあって、要は周囲の雰囲気づくりですよね。攻撃的な声が多ければ多いほど、会場の雰囲気もそういう空気感になっていって、試合も荒れていくものです。

父親　子どもたちも「これでいいんだ」という認識になってしまいますよね。

大槻　そうなんです。そこで周囲がよい声かけをできれば、子どもたちからも「よし、次は頑張ろう！」というような声が出るでしょうし、そういう保護者の観戦マナーは大事です。もちろん、子どもたちへの教育という面でもそうですし、会場じゅうのみんなが一緒にゲームをつくっている仲間だという、リスペクトの精神をぜひ持ってほしいです。

考える余白を与えていく

土屋　個人的には西田さんがおっしゃっていた、子どもが直面すべきことを親が取り除いてしまうという「カーリングペアレント」のお話も印象的でした。

大槻　僕がよく親御さんに言うのは「大人の当たり前は、子どもの当たり前ではないですよ」ということです。

父親　ああ、それは興味深いですね。

大槻　たとえば大人が小さい子に「なんでこんなこともできないの？」と言うことがあるじゃないですか。それはあくまでも大人の基準の中での「当たり前」であって、子どもにとってはそれができることが「当たり前」ではないという感覚を持っていてほしいです。

土屋　その感覚の大切さはよくわかります。

大槻　指導者の中にも「なんでこんなプレーもできないの？」と言う方もいらっしゃいますが、そういうときこそ指導者の引き出しの部分が問われていると思います。

父親　それこそ大人だってできないものはできないですからね。

大槻　本当にその通りで、体のサイズだったりパワーだったり物理的にできないことや、そもそも知識がなくて知らないからできないということもあると思います。サッカーで言えば技術的にできないことなのか、戦術的にできないことなのか、メンタル的にミスが怖くて、臆病になってしまってできないのかというところの見極めが重要です。僕はミスにも種類があると思っています。

土屋　そもそも選手がどうしてできないのかを見極めて、それをできるようにしていくのが指導者ではないですか？

大槻　そうなんですよ。それは保護者も一緒で、たとえば子どもが後片づけができない場合に、「じゃあできるようにするにはどうしたらいいか？」を考えます。それぞれに片づける場所が違っていても、まずは一つだけ片づけるかごを用意しておいて「ここに入れておこうね」と子どもの考え方を少し整理してあげる。いきなり全部を伝えるのではなくて段階的に伝えていくんです。それがいつか習慣になっていけばいいわけで、大人のちょっとした伝え方の工夫ですよね。そこから「こうやったほうが早く片づくな」「次に使うときはこうしたほうがいいな」と、自分でちょっとずつ考えるようになる余白を与えていくことが重要で、それはサッカーでも一緒だと思います。大人が大枠をちゃんと伝えておいて、子どもはその中でやれることを探して、自分でやっていくということです。

父親　猪俣さんはうまく片づけができている子をとにかくほめると、もっとしっかり片づけられるようになっていくとお話しされていましたね（笑）。

大槻　そうでしたね（笑）。ミスの種類をきちんと見極められれば、つまりは病院と一緒で「処方箋」をちゃんと出せれば、どこからアプローチするかははっきりします。子どもが今は何につまずいているからこの状況が起こっているかを、子どもをちゃんと見ることで読み取って、そのうえで先回りしないで、見守ることはすごく大事だと思います。

「角度を変えて」伝える

土屋　大槻さんは子どもたちに失敗させてみることもありますか？

大槻　そんなことばかりです。一方で難しい面もあって、「そっちにいったか」というような予想を超える失敗もあります。そういうときはこちらが反省しますね。基本的に想定内のことであれば、「次はこうしなきゃいけないよな」「こうだったから次はこうだよな」というような話をします。そのときには心に刺さらない子もいますが、いつか絶対気づくものだと信じています。

父親　想定以上の失敗が起きてしまったときには、子どもにどういうアプローチをするのですか？

大槻　そこにアプローチするのは僕だけではないかもしれません。たとえば保護者の方もそうですし、周囲の大人の方から言ってもらったほうがいい場合もあるでしょうし、角度を変えることで重大さを認識させることは、役割の問題かもしれません。ご家庭の中でもおとうさんが言うときと、おかあさんが言うときを使い分けることもありますよね。

土屋　「角度を変える」というのは面白い視点ですね。

大槻　たとえばチームにいる子どもの場合だと、担当コーチだけで解決できないこともあると思います。普段から言いすぎてしまって、逆に言うことを聞かなくなるパターンはよく目にします。そうなってしまったら、違うカテゴリーのコーチが言ってあげることも有効です。僕が以前に所属していた三菱養和は、そういったコーチたちのリレーションシップがとても上手だったと思います。同じことでも少し角度を変えて伝えてあげると、子どもも「そうなんだな」と気づくこともあります。

父親　確かに人が変わるだけで、同じことを言われても子どもへの言葉の入っていき方は変わっていきそうです。

土屋　そこには夫婦だったり、コーチたちだったり、大人同士のコミュニケーションやすり合わせも必要ですよね。

特徴を見つけて、ミスの種類を見極める

大槻　先ほどもお話しした「ミスの種類を見極める目」は育成年代の指導者にとって非常に問われるところです。

父親　それはサッカーだけにとどまらない考え方ですね。

大槻　はい。たとえばチャレンジはしないけれど、安全なパスをつないでいけば、表面的にミスには見えませんが、実際は「いや、ここは前に行けたよな」という、判断のミスなのかもしれません。パスを「つなぐ」のと「放す」のも違います。「つなぐ」というのは思いや狙いも「つないでいく」ことですからね。

土屋　「放す」のは爆弾ゲームのイメージですね（笑）。どんどん責任を他者に渡していくというような「消極的なミス」は意外と表に出てこないものです。

大槻　マインドの問題でもありますからね。ただ、ミスの種類を見極めるのは、確かにものすごく難しいです。自分のところで失わないことだけを考えて、安全なプレーを選んでいる子はわかりやすいミスをしないのでよしとされてしまうことがあります。そこには状況判断があるわけでなく、チャレンジをしないからミスが起きていないと

いうことも指導者は理解する必要があります。これは非常に難しいところです。特にマインドの部分は周囲の大人がちゃんとわかっていないといけない部分です。評価を恐れて安全なプレーばかり選択しているのか、そういう環境になっていないか……そうなると他責にしてしまう子も出てくるでしょう。見えているものだけですべてを判断できないことがあると思います。それは大人でもあることかもしれません。ただ、そこで僕が特に強調したいのは、「特徴を見つけてあげること」です。

父親　それはどういうことですか？

大槻　たとえば見えているものだけで評価すると、ミスが多い選手に対して「ああ、ダメだな」とジャッジしがちですが、「この子のよさはここだ」というその子の特徴が見えていれば、「ああ、こういうことを狙っていたんだな」という意図も見えますし、その特徴を発揮するためにすべきことも見えてきます。それをちゃんと見極めてあげないといけません。

土屋　なるほど。個性を認めてあげるようなイメージですね。

大槻　はい。相馬勇紀は一瞬のスピードが速くて、ボールもしっかり蹴れるのに、サイズが小さいのですぐ潰されていましたが、それも彼の特徴だったわけです。一方で小学生のころの三竿健斗（鹿島アントラーズ）は、すごく身体能力があるわけではないけれど、戦う気持ちが強くて、次への予測が速い選手でした。それも彼の特徴です。

土屋　相馬選手も三笘選手も、その特徴はプロになってもストロングポイントになっていますね。

大槻　あるいは「この子がいたらチームが明るくなるよね」というのも大事なその子の特徴です。そういう子がいることで、チームが機能的に動いていくことも僕は経験してきています。

父親　どうしても目に見えるものだけで判断してしまいがちですよね。

大槻　特に小学生のころはそういう傾向があります。見えているものだけで親や指導者、仲間に指摘されて自信を失ってしまう。でも、そこにある狙いや思考をちゃんと見てあげるだけで変わってくるところもあるんです。また「この子はメチャクチャ優しいよな」「この子はすごく気遣いができるよな」というのもとても大事な特徴です。そういうマインドの子は絶対にプレーもよくなっていくんです。

子どもの拠りどころをつくる

土屋　そここそ大人の見る目が問われますね。

大槻　そうなんです。親御さんも一緒で、ご家庭の中で子どものよいところを見つけているのであれば、それを「いい！」と言ってあげてほしいです。「それがオマエのよさなんだから、そこで頑張れよ」と言ってあげると、何かがあったときにもその子の拠りどころができるんです。西田さんも「世界中が敵になっても、私はあなたの味方だよ」と言ってあげることの大切さをおっしゃっていましたが、それに近いと思います。どうしても親はほめてあげることより、気になるところへの言及が多くなりがちです。それだと子どもの拠りどころがなくなってしまいます。

父親　それもサッカーだけではなく、日常生活でも当てはまる気がします。

大槻　できないことに向き合わせることももちろん必要ですが、そればかり言いすぎて、その子のよさが消えてしまうことはサッカーの世界でもよくあります。親としても歯がゆいところだとは思いますが、そこで大人が待てるかどうかです。

土屋　大人が待つというのも、サッカーに限らず大切なことですよね。

大槻　自分の子どもがうまくいかないときに「あれがダメだ」「これがダメだ」という保護者は少なくありません。幼少期のころからそう言われると、「もっとうまくなりたい！」という自発的な思いよりも親の顔色を見てサッカーをするようになってしまいます。そうなると思春期を迎える中学生や高校生になって、うまくいかないことがあるとバーンアウトしてしまったり、どうしても「他責」の考え方になってしまったりすることが多いような気がします。

土屋　「指導者のせいだ」「チームメイトのせいだ」「親のせいだ」みたいなことですね。

大槻　そうです。でも、自分に矢印を向けて、「自分の準備が足りなかったからだな」と思えれば、そこから頑張れるようになると思います。苦しいことがあっても、乗り越えていく力がついていくはずですし、僕はそれを信じています。そう考えると、早いうちに自分の思い通りにならないことを経験するのは、決して悪いことではないと思います。

土屋　中村さんもそういうお話をされていましたね。

大槻　うまくいっていないときに、ポジティブな方向に矢印を向けさせてあげるのは、親にしかできないことだと思います。指導者がいくら話しても、家で全然違うことを親から言われていたら、同じ方向には進みません。子どもが「自分から何かを変えてやろう」と思えるようなサポートをしてあげたいところですね。

おとなしさはポジティブな特徴

大槻　あとは、「おとなしい子はサッカーに向かないですか？」という質問も多いです。「うちの子は前に出られなくて……」とか。でも、ポジティブな面に目を向けると、おとなしい子には洞察力があったり、しっかりと考えて着実にクリアしていったりするようなところがあるんですよ。たとえば「あのときはどうだったの？」と話を聞いてみると、「アイツはああいうタイプですからね」と冷静に周囲を観察していることもあります。それは、素晴らしい特徴じゃないですか。どうしても小学生のころだと、アグレッシブな子が目立ってしまいますが、そういう子に押されがちな子でも、実はそのおとなしさはポジティブな特徴ではないか、という見方は大事だと思います。

父親　おとなしい子だと、損をしているように見えがちです。

大槻　そうなんですよ。だから保護者も躍起になって、「ガンガン行きなさい」「もっと積極的にプレーしなさい」と言うのですが、そこは違った見方をしてもいいかなと思います。指導者が注意すべきは、攻撃的な子の発言で気になることがあれば、「今の言い方はおかしいぞ」というように小さなことでも掘り出してあげること。そうでないと、グループが変な方向に向かってしまうことがあります。どうしても言葉が強い子の発言力が増しがちなので、ちゃんと基準をつくらないと、おとなしい子のよさが消えてしまいます。

父親　サッカーにおいても洞察力というのは素晴らしい特徴ですよね。

大槻　はい、その通りです。だから、そういう部分を拾ってあげたいですよね。中には「自分の言っていることが合っているかどうかわからない」という子もいます。自分の発言が正しいか、間違っているのかがよくわからないと。

父親　ああ、それは確かにありそうですね。

大槻　自信がないのもあると思います。だからこそ不安にもなるし、一歩前に踏み出せないわけで、そこに加えて「積極的にいけない」「自分を表現できない」といった指摘ばかりしていても、さらに劣等感を抱いてしまいますよね。よいか悪いかは別にして、その子の考えていることをちゃんと聞いてあげること、そのうえでその言動がよいものであったらグループの中でちゃんと賞賛してあげること。小さな自信の積み重ねによって、少しずつ積極性が出てくると思います。

父親　自分のやっていることが合っているか、合っていないかは、子どもはかなり気にしていると思います。

大槻　サッカーの指示でも「コーチ、これって合ってますか？」と聞いてきたら、僕は「いいんだよ。合っているような感じでやれ」と（笑）。「はっきりしろ！　どっちでも正解だよ！」と言ってしまいます。もちろん結果的にミスにつながることもあるかもしれませんが、そこから学ぶこともあります。よいか悪いかを自分で考えることが大事ですし、そこは大人が後押ししてあげたいところです。

土屋　その部分はおそらく保護者も指導者も変わらないですよね。

プロセスを大事にする

大槻　それこそJリーガーや日本代表になっていくような選手の親は、自分の子どもがそのときに活躍していなくても、その過程すら大事だと思っているというか、試合に出ていないときでも気にはしていたと思いますが、「この子はダメなんだ」「どうしよう……」と焦る感じはなかったと思います。そういう状況が子どもにとって大事な局面だとわかっていらっしゃったんだと思うのです。だから「そっとしておこう」という判断ができるのかなと。

土屋　子どもに対する信頼があるんでしょうね。

大槻　そう思います。たとえば子どもに「試合に出られないからやめます」と言われても、僕は「好きだからやっているんじゃないの?」と聞きます。**結果が出ないから意味がないと結論づけていくマインドだと、大概のことはうまくいかない気がします。**丹野さんも話していましたが、練習の前にどういう準備をしていたかとか、そういう**プロセスの部分が重要**で、試合に出られなかったときに日常の取り組みも含めて、「じゃあ準備はどうだったの?」とちゃんと振り返ることも、求められる部分です。

父親　うちでも日常の取り組みや準備の大切さは改めて話してみます。

大槻　やはり根底にあるのは「サッカーが楽しいからやる」はずですよね。「試合に出られないからサッカーをやめる」とか「うまくいかないからサッカーをやめる」ということではなく、「一生懸命頑張りたい!」という思いを汲むサポートを、我々もしたいですよね。

終章のまとめ

- サッカーを楽しむ気持ちが土台にないと、上に何を積み上げても、結局は崩れる

- 大人の当たり前は、子どもの当たり前ではない

- 同じことでも少し角度を変えて伝えると、子どもの気づきにつながりやすい

- 「ミスの種類を見極める目」「特徴を見つけること」が育成年代の指導者には大事

- よいところをほめると、子どもにとっては何かあったときの拠りどころになる

- うまくいかないとき、ポジティブな方向に矢印を向けさせるのは、親にしかできない

- 結果に左右されるより、プロセスの部分を振り返る

おわりに

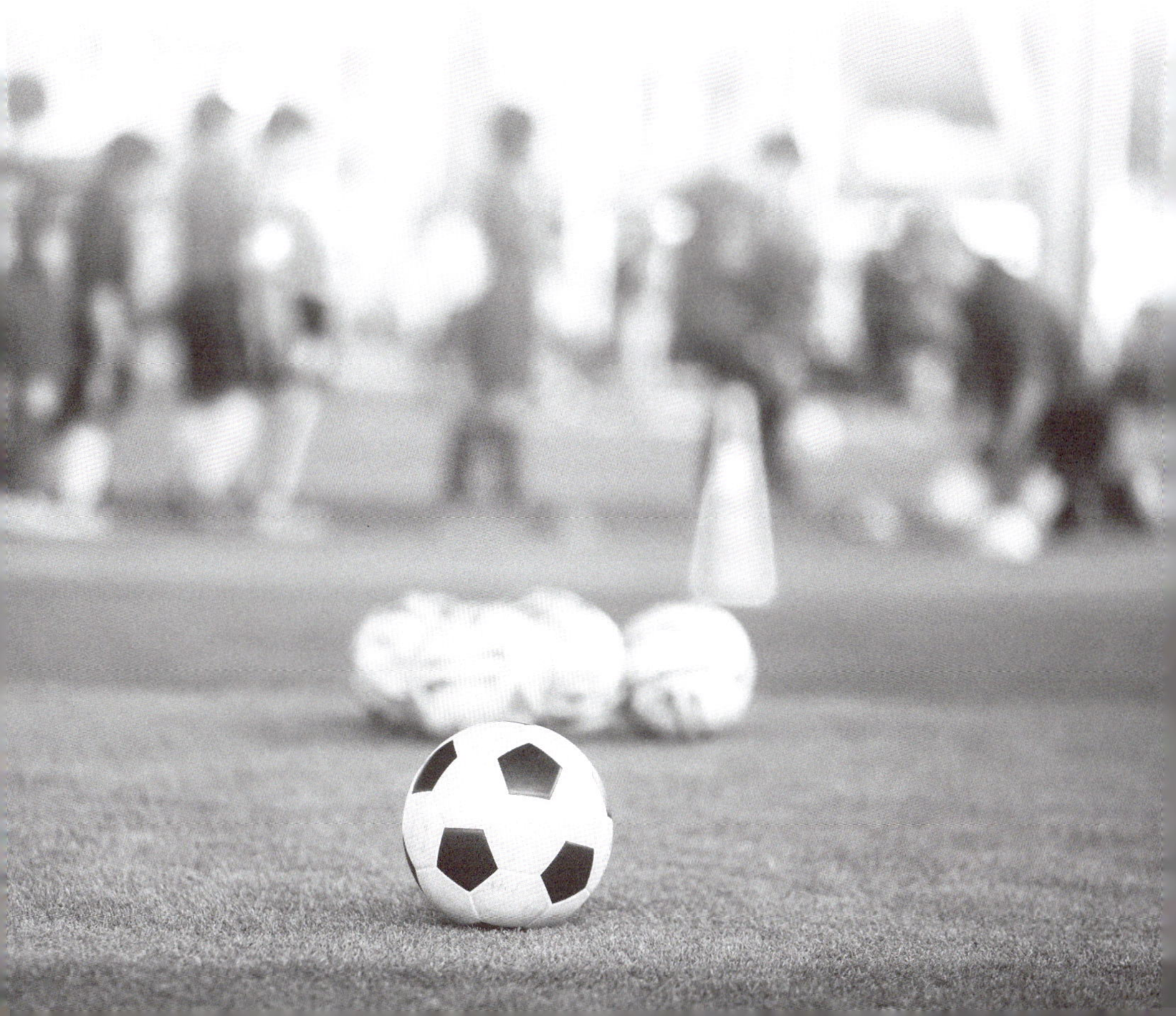

サッカーから「人生の課題」を考える

私には人生の師匠と仰ぐような、非常に尊敬している指導者の方がいる。仮にAさんとしておこう。そのAさんがあるJクラブのジュニアユースで指導にあたっていた際に体験したというエピソードが、強く印象に残っている。

頑張ってはいるものの、なかなか試合に出られない選手がいた。ジュニアユースからユースには上がれなかった。だが、学業面が優秀だったこともあり、受験した進学校に見事合格。その学校の部活で3年間サッカーを続けたという。

高校を卒業するタイミングで、その子がAさんを訪ねてきて、こう言ったそうだ。「僕、東大（東京大学）に受かりました。サッカーではプロになれなかったですけど、ここから頑張って企業の社長になって、スポンサーとしてこのクラブに貢献したいと思います」。

Aさんがそのエピソードを教えてくれた最後に発した言葉もふるっていた。「アイツはサッカーを嫌いにならなかったんだね。それも育成という意味ではひとつの成功なんじゃないかな」。それは5年や10年といったスパンで結果が出ることではないか

もしれないけれど、Aさんの指導で「サッカーを嫌いにならなかったこと」が多くの可能性につながっていくわけだ。

本書の第6章に登場してくださったメンタルコーチの西田さんは、人生には「前半の課題」と「後半の課題」があると教えてくれた。「前半の課題」とは「自我の確立」で、「後半の課題」とは「自己実現」。人生の前半で自分の好きなこと、得意なことを見極めながら、自分にしかできないことは何かを見つけることこそ、人生の後半を幸せに生きるためには大事なのだとおっしゃっている。

サッカーって最高だ。それは人生の大半をこのスポーツに捧げてきた大槻さんと私が断言する。同じようにサッカーと生きる7人の賢者が貫いてきた、さまざまな考え方をまとめたこの一冊が多くの親子にとって、サッカーを通じた人生の「前半の課題」と「後半の課題」を改めて考えるきっかけになったらうれしいなと思う。

土屋雅史

おわりに

見守る力を培うために

これまで指導者として多くの子どもたちとその保護者の方々と出会ってきた。サッカーに対するそれぞれの想いに触れる中で悩みや不安と向き合うことが多くあった。そのほとんどは少しだけ視点や考え方を変えるだけで解決していくようなものだった。

誰もが簡単に情報を得られる社会。有益な情報もあれば、疑問に思うような情報、不安を煽るような情報もあるのが実情だ。

だからこそ保護者や周囲の大人が情報に惑わされずに、どのような考え方で子どもたちを見守っていけばよいのかを知っておく必要があると思う。

そのヒントが、この書に登場する賢者のみなさまの「生きた言葉」に隠されている。さまざまなところで競争が求められてしまう社会だ。「成長していく子どもたちの姿を笑顔で見守れる」、そんな私たち大人の見守る力が求められているのではないだろうか。そして、それが日本サッカーのさらなる成長につながっていくと私は信じている。

大槻邦雄

著　者

土屋雅史
（つちや・まさし）

1979年生まれ。群馬県高崎市出身。群馬県立高崎高校３年時にはインターハイでベスト８に入り、大会優秀選手に選出。早稲田大学法学部卒。株式会社ジェイ・スポーツで、Ｊリーグ中継のプロデューサーなどを担当。2021年からフリーランスとして活動し、さまざまな媒体でサッカーの愛情あふれる緻密な記事を発信中。著書に『蹴球ヒストリア「サッカーに魅入られた同志たち」の幸せな来歴』（ソル・メディア）、『高校サッカー 新時代を戦う監督たち』（東洋館出版社）などがある。

監修者

大槻邦雄
（おおつき・くにお）

1979年生まれ。東京都新宿区出身。三菱養和サッカークラブジュニアユース、ユースを経て国士舘大学サッカー部でプレー。卒業後は、JFLなどで選手としてプレーしながら指導者のキャリアを積み重ね、国士舘大学大学院スポーツ・システム研究科修士課程を修了。2006年より指導者として三菱養和サッカースクールへ。幼児から大人まで指導の幅が広く、各年代で全国大会を経験。クラブとしての実績を残すとともに多くのＪリーガーの指導にも携わった。2023年より水戸ホーリーホックでアカデミーの指導にあたる。保護者も含めた多角的なアプローチで選手を育成するスペシャリスト。著書に『知ってる？ サッカー』『やってみようサッカー』（ベースボール・マガジン社）がある。

子《こ》どもがサッカーを始《はじ》めたら読《よ》む本《ほん》

7人《にん》の賢者《けんじゃ》に聞《き》いた53の習慣《しゅうかん》

2024年12月20日　第1版第1刷発行
2025年6月20日　第1版第2刷発行

著　　者　土屋雅史《つちやまさし》
監　　修　大槻邦雄《おおつきくにお》
発 行 人　池田哲雄
発 行 所　株式会社ベースボール・マガジン社
〒103-8482 東京都中央区日本橋浜町2-61-9　TIE 浜町ビル
電　　話　03-5643-3930（販売部）
03-5643-3885（出版部）
振替口座　00180-6-46620
https://www.bbm-japan.com/

印刷・製本　広研印刷株式会社

ISBN978-4-583-11684-6　C2075